国内价值链与中国制造业出口的转型升级

袁凯华 著

Guonei Jiazhilian yu
Zhongguo Zhizaoye
Chukou de Zhuanxing Shengji

中国财经出版传媒集团
中国财政经济出版社

图书在版编目（CIP）数据

国内价值链与中国制造业出口的转型升级 / 袁凯华著. --北京：中国财政经济出版社，2022. 8
ISBN 978-7-5223-1499-0

Ⅰ. ①国… Ⅱ. ①袁… Ⅲ. ①制造工业-出口贸易-研究-中国 Ⅳ. ①F426. 4

中国版本图书馆 CIP 数据核字（2022）第 107848 号

责任编辑：马　真　　　　　责任校对：张　凡
封面设计：思梵星尚　　　　责任印制：党　辉

国内价值链与中国制造业出口的转型升级
GUONEI JIAZHILIAN YU ZHONGGUO ZHIZAOYE CHUKOU DE ZHUANXING SHENGJI

中国财政经济出版社 出版
URL：http：//www. cfeph. cn
E-mail：cfeph@ cfeph. cn

社址：北京市海淀区阜成路甲 28 号　邮政编码：100142
营销中心电话：010-88191522
天猫网店：中国财政经济出版社旗舰店
网址：https：//zgczjjcbs. tmall. com
北京财经印刷厂印刷　各地新华书店经销
成品尺寸：170mm×240mm　16 开　12. 75 印张　180 000 字
2022 年 8 月第 1 版　2022 年 8 月北京第 1 次印刷
定价：56. 00 元
ISBN 978-7-5223-1499-0
（图书出现印装问题，本社负责调换，电话：010-88190548）
本社质量投诉电话：010-88190744
打击盗版举报热线：010-88191661　QQ：2242791300

摘要

改革开放以来，得益于人口与资源红利的双重优势，中国实现了与全球价值链体系的快速对接，成为“世界工厂”，取得了令世人瞩目的“出口奇迹”。然而，一个不争的事实是：中国是贸易大国，但“大而不强”（李坤望等，2014）。中国出口虽然拥有大量的贸易顺差，但是由于中国制造多是通过组装加工完成产品生产的最后一环，中国出口的商品并非全部甚至多数都不是中国创造（Lamy，2010）。这不仅导致中国出口的真实受益微弱，更引致了大量的排放转入，致使中国连续多年成为发达国家转移能耗与碳排放的“重灾区”（Peters 等，2008；彭水军等，2015）。尤其是在金融危机之后，随着外需低迷、资源环境约束的强化与要素成本的上涨，贸易的可持续发展问题逐渐凸显，改变“大而不强”的困境日益紧迫。对此，尽管已有学者尝试从生产率悖论（李春顶，2010）、增加值贸易（Koopman 等，2012）、加成率陷阱（刘啟仁和黄建忠，2015）与服务化转型（程大中和程卓，2015）等多个角度进行拓展，但鲜有学者结合区际分工进行“制造大国”转型升级问题的探讨。作为全球最大的发展中国家，中国不仅市场规模庞大、国土面积辽阔，区域之间同样拥有鲜明的禀赋结构与发展水平差异。充分利用区域间的禀赋优势进行分工协作，不仅可以延伸中国制造的国内价值链条、推动价值攀升（刘志彪，2009），亦能提升国内资源使用效率、推进中国制造的低碳转型。但不容忽视的是，受制于行政集权与财政分权，国内各区域之间存在较为严重的市场分割（张少军，2013）。那么，在大国优势与市场分割并存的情形下，如何才能借助区际分工延伸全球价值链的国内生产环节，有效推动中国由“制造大国”到“制造强国”的转变？

为回答该问题，就需要客观认识不同区域之间的市场整合程度。本书基于增加值贸易视角，有效克服了贸易往来中的“虚假统计”，较为客观地揭示了“所见非所得”背景下不同区域、部门的区际分工整合特点。在此基础上，进一步将区际分工扩展于出口链条，基于制造业出口的价值攀升、服务化转型、低碳转型视角，利用克服技术同质性假定的MRIO模型，首次构建了开放情景下区际分工对中国制造业出口转型升级影响的量化框架，重点分析了国内价值链对中国制造业出口转型升级的影响与作用渠道，补充和丰富了人们对国内价值链和中国制造业出口转型的认识。在组织结构上，本书一共有8章。第1章是绪论，第2章是文献综述，紧接着本书用5章（第3章~第7章）展开主要的研究内容，最后一章（第8章）是研究结果的总结、讨论和政策建议。

第3章基于经济增长视角，厘清了国内价值链对于经济发展的重要意义。尽管出口需求对中国经济增长的贡献备受关注，但受制于研究视角，已有文献可能忽略了出口中的国内价值链条，遗漏了“先富带动后富”的发展事实。该章通过引入区际出口（借助国内价值链满足出口需求的价值增值部分）概念，利用1997年、2002年与2007年区域间投入产出表，再次测算了出口需求对于中国经济增长的贡献。结果显示：一方面，不同于以往忽略区际出口的文献，本书发现出口需求对经济增长的贡献率并非羸弱不堪，甚至在个别年份超越外地需求，业已成为推动经济增长的次要动力；另一方面，忽略区际出口的文献不仅低估了出口需求对于经济增长的贡献，更是难以捕获区际出口拉动内陆地区、初级产品部门经济增长的特点，容易形成对“不均衡式”改革开放的误判。因此，在新一轮改革开放中，我国不仅需要坚守出口贸易、外部循环，更应注重国内价值链条整合、实现区域协调发展。

第4章基于增加值贸易视角，采用 Novy（2013）的模型测度了国内价值链延伸需要面对的贸易成本。研究结果显示：首先，不同于已有研究，本书发现随着加入 WTO 之后的外需倒逼，无论是在总体、区域还是行业层面，中国区际贸易成本都在下降。由于传统产值难以追寻价值来源，已有研究的贸易成本上升结论存在高估之嫌。其次，相较于快速下降的对外贸易成本，国内贸易成本下降较为缓慢。这就导致了国内地区在分工过程中更多地涌入了全球市场。再次，与对外贸易成本中制造业最低不同，区际贸易成本中初级产品最低的特征表明，区际市场整合存在低端化发展迹象。最后，进一步地利用双边分解，本书发现由于地理位置、产业同构与政策缺失的多重劣势，东部沿海更多地走向了国际分工。因此，未来的区际市场整合不仅需要加快基础设施建设、强化政府职能转变，而且应重视东部沿海与其他地区的分工往来，才能进一步推动区际贸易成本的降低。

第5章测算了国内价值链对制造业出口价值攀升的影响。结果显示，不同于"出口俘获"理论的预期，中国制造业出口中的国内增加值率未随出口规模的快速扩张而大幅下降；得益于加入 WTO 之后国内价值链的延伸，出口中的国内增加值率下降趋势明显放缓；即使进一步考虑区域、部门的差异，这一特点仍然成立。因此，无论是从总体、区域还是部门的视角来看，国内价值链都已成为抑制出口利得快速下降、推动价值攀升的重要工具。进一步利用结构分解分析，本书发现相比出口需求，区际关联对区际增加值率变动的影响更为突出；通过与下游地区的关联互动，西北地区与京津地区已经成为推动区际增加值率提升的重要力量，东部沿海则逐渐成为阻碍国内价值链整合的"断点"。因此，过度地指责出口俘获难以改变中国出口的低值事实，进一步地强化内部整合，尤其是东部沿海与其他下游地区的区际关联，才能更好地利用国内价值链推动价值攀升。

第 6 章分析了国内价值链对制造业出口服务化转型的影响。研究结果显示，首先，1997～2007 年，国内价值链中的初级产品、制成品与服务投入分别呈现 10.43%、-1.07% 与 -23.76% 的变动。由于服务投入不断下滑，国内价值链未能推动中国制造业出口的服务化转型。其次，国内价值链中的服务投入的下降，主要在于东部沿海的分工职能缺位。作为服务业最为发达的区域，东部沿海长期供给偏低、需求偏高。因此，背离禀赋优势的区际分工难以推动中国制造业出口的转型升级。最后，进一步基于双边嵌入路径分解，本书发现东部沿海的服务投入供给不足仅是分工错位的表象，区域间的市场分割才是导致东部沿海脱离国内市场、过度嵌入全球价值链的深层原因。因此，降低区际分工壁垒，强化东部沿海对国内服务的供给，才能真正推动中国制造的服务化转型升级。

第 7 章分析了国内价值链对制造业出口低碳转型的影响。结果显示，由于区际增加值率呈现先下降后上升的“V”形波动，区际环境成本呈现先下降后轻微上升的“L”形波动，因此国内价值链的延伸未能推动环境成本的快速下降。进一步利用指数分解分析，本书发现技术关联与价值关联的阶段性波动构成了制造业低碳发展与区际分工背离的主要原因。在加入 WTO 之前，尽管区际贸易成本较高、价值关联的减排作用难以得到发挥，但受益于沿海地区与下游区域间的技术关联，区际环境成本仍可实现较快的降幅。在加入 WTO 之后，随着内陆地区的区际分工参与程度提升，价值关联的减排作用得以凸显。不过受制于市场分割下沿海地区的区际分工脱离与内陆地区的生产技术落后，技术关联的增排效应逐步放大、区际环境成本的降幅趋势逐步逆转。因此，进一步强化国内市场整合尤其是沿海地区与下游地区的技术关联，才能充分利用区际分工推动中国制造业出口的低碳发展。

第 8 章总结了本书主要的经验研究结果，并根据前文的分析提出一些优化区际分工、加快国内市场整合的政策建议。最后，该章指出了未来研究的几个重要方向。

ABSTRACT

Since the reform and opening up, thanks to the dual advantages of population and resource dividends, China has achieved rapid connection with the global value chain system and has become a "world factory" and has achieved "the miracle of exports" that attracts worldwide attention. However, an indisputable fact is that China is a big trading nation, but "big but not strong" (Li Kunwang et al., 2014). Although China's exports have a large trade surplus, because Chinese manufacturing mostly completes the final link of product production through assembly and processing, not all or even most of China's exports are not created by China (Lamy, 2010). This not only resulted in a weak real benefit from China's exports, but also led to a large amount of emissions, resulting in China becoming a "stricken area" in which developed countries transferred energy and carbon emissions for many years (Peters et al., 2008; Peng Shuijun et al., 2015). Especially after the financial crisis, with the sluggish external demand, strengthened resource and environmental constraints, and rising factor costs, the issue of sustainable trade development has become increasingly prominent, and the dilemma of changing "big but not strong" has become increasingly pressing. In this regard, although some scholars have tried to shift from the productivity paradox (Li Chunding, 2010), value-added trade (Koopman et al. , 2012), the rate of increase traps (Liu Qiren and Huang Jianzhong, 2015) and the transition to service (Cheng Dazhong and Cheng Zhuo, 2015) and other perspectives have been expanded, few scholars have explored the issue of transformation and upgrading of "manufacturing powers" in light of the inter-regional division of labor. As the largest developing country in the world, China not only has a huge market, but also has a vast land area. The region also has a distinctive endowment structure and development level. Making full use of the advantages of inter-regional endowments to conduct division of labor and cooperation can not only extend the national Value Chain of manufacturing in China, promote value appreciation (Liu Zhisheng, 2009), but also improve the efficiency of domestic resource use and promote the low-carbon transformation of manufacturing in China. However, it should not be overlooked that subject to administrative centralization and fiscal decentralization, there is a relatively serious market segmentation among domestic regions (Zhang Shaojun, 2013). Then, under the circumstances where the advantages of big countries coexist with market segmentation, how can we use the inter-regional division of labor to extend the domestic production links of global value chains and effectively promote the transformation of China from a "manufacturing power" to a "manufacturing powerhouse?"

In order to answer this question, it is first necessary to objectively understand the degree of market integration between different regions. Through post-retrospective measurement methods, this paper effectively overcomes the "false statistics" in trade transactions based on the perspective of value-added trade, and objectively reveals the characteristics of inter-regional division of labor and integration in different regions and sectors under the background of "seeing non-income". On this basis, we further extended the division of labor across the export chain. Based on the rising value of manufacturing exports, service-oriented transformation, and low-carbon transition, we used the MRIO model to overcome the assumption of homogeneity of technology to construct the open-subject area for the first time. The quantified framework of the influence of the division of labor on the transformation and upgrading of China's manufacturing exports focused on the analysis of the influence and role of the national Value Chain on the transformation and upgrading of China's manufacturing exports, complementing and enriching people's understanding of the regional division of labor and exports of Chinese manufacturing industries. In the organizational structure, this article has a total of 8 chapters. The first chapter is the introduction. The second chapter is the literature review. The next chapter consists of five chapters (Chapter 3 to Chapter 7). The last chapter (Chapter 8) is the summary, discussion and policy suggestion of the research results.

Chapter 3 clarifies the significance of national Value Chain to economic development from the perspective of economic growth. Although the contribution of export demand to China's economic growth has attracted much attention, due to the research perspective, the existing literature may ignore the national Value Chain in export and omit the development fact that "the first rich leads the second rich". In this chapter, the contribution of export demand to China's economic growth is again estimated by using the input-output tables of 1997, 2002 and 2007 by introducing the concept of inter-regional export (the value-added part of national Value Chain to meetexport demand). The results show that: on the one hand, different from previous literature that ignored inter-regional export, this paper finds that the contribution rate of export demand to economic growth is not weak, and even exceeds foreign demand in some years, and has become a secondary driving force for economic growth; On the other hand, literature that ignores inter-regional export not only underestimates the contribution of export demand to economic growth, but also fails to capture the characteristics of inter-regional export driving the economic growth of inland regions and primary product sectors, thus easily forming a misjudgment of "unbalanced" reform and opening up. Therefore, in the new round of reform and opening up, we should not only stick to export trade and external circulation, but also pay attention to the integration of national Value Chain and realize regional coordinated development.

Chapter 4 uses the Novy (2013) model to measure the trade costs faced by the national Value Chain extension based on the perspective of value added trade. The research shows that, first of all, unlike previous studies, this paper finds that with the pressure of external demand after WTO accession, the interregional trade costs in China are declining, both at the overall level and at the regional level. Due to the difficulty in tracing the source of the value of traditional output, the conclusions of the rising trade costs that have been studied are overestimated. Secondly, compared to the rapidly declining foreign trade costs, the cost of domestic trade in China declined more slowly. This has led to more influx of the domestic market in the global market during the division of labor. Thirdly, unlike the lowest manufacturing industry in the cost of foreign trade, the lowest primary product in the interregional trade costs shows that there is a sign of low-end development in the interregional market integration. Finally, further use of bilateral decomposition, this paper finds that due to geographical location, industrial isomorphism and the policy of multiple disadvantages, the eastern coast more toward the international division of labor. Therefore, in the future, interregional market integration will not only need to speed up infrastructure construction, strengthen the transformation of government functions, but also pay attention to the division of labor between the eastern coast and other regions in order to further promote the reduction of interregional trade costs.

In Chapter 5, the effect of national Value Chains on the rising value of manufacturing exports was measured. The results show that, unlike the "export capture" theory, the domestic value-added ratio in China's manufacturing exports did not fall sharply with the rapid expansion of exports; thanks to the extension of the national Value Chain after China's accession to the WTO, The declining trend of the nation value-added rate in exports has obviously slowed down; this feature is still established even when regional and departmental differences are further considered; therefore, whether from an overall, regional or sectoral perspectives, the national Value Chain has become an important tool to restrain the rapid decline of export profits and promote the rise of value. Further use of structural decomposition analysis, this paper finds that compared with the export demand, inter-regional association has a more prominent impact on the change of inter-regional value-added rate; through the interaction with the downstream areas, the Northwest and Beijing-Tianjin region have become important forces to promote the increase of inter-regional value-added rate. The eastern coast has gradually become a "break point" that hinders the integration of the national Value Chains. Therefore, excessive accusations that export capture can hardly change the low-value fact of China's exports and further strengthen internal integration, especially the interregional ties between the eastern coast and other downstream areas, can make better use of the national Value Chain to promote value appreciation.

Chapter 6 analyzes the impact of national Value Chains on the service-oriented transformation of manufacturing exports. The results of the study show that, first, from 1997 to 2007, inputs for primary products, manufactured goods and services in the national Value Chain showed changes of 10.43%, -1.07% and -23.76% respectively. National Value Chains failed to promote the service-oriented transformation of China's manufacturing exports due to the continuous decline in investment in services. Second, the decline in service inputs in the national Value Chains lies mainly in the absence of division of labor in the eastern coastal areas. As the most developed region in the service industry, the long-term supply on the eastern coast is low and the demand is high. Therefore, it is difficult to promote the transformation and upgrading of China's manufacturing exports because of the division of labor away from the advantages of endowments. Finally, based on the decomposition of bilateral embedding paths, this paper finds that the insufficient supply of services in the eastern coastal areas is only the representation of division of labor. Market segmentation among regions is the deep reason that causes the eastern coastal areas to break away from the domestic market and over-embed the globalvalue chains. Therefore, to reduce the division of labor barriers in the region and to strengthen the supply of domestic services by the eastern coast can we truly promote the service-oriented transformation and upgrading of Chinese-made goods.

Chapter 7 analyzes the impact of national Value Chains on low-carbon transformation of manufacturing exports. The results show that because the interregional value-added rate showed a "V" fluctuation that first decreased and then rose, the interregional environmental costs showed "L" fluctuations that first fell and then rose slightly, so the extension of the national Value

Chain failed to drivethe rapid decline in environmental costs. Using the exponential decomposition analysis further, this paper finds that the phased fluctuations in the correlation of technology and value constitute the main reasons for the low-carbon development of the manufacturing industry and the divergence of the interregional division of labor. Before China's accession to the WTO, despite the fact that interregional trade costs are high and the emission reduction of value-related effect is difficult to achieve, benefiting from the technological linkage between coastal areas and the downstream regions, interregional environmental costs can still achieve rapid decline. After China's accession to the WTO, with the increase in the degree of participation in inter-provincial division of labor in inland areas, the role of value-related emission reductions has been highlighted. However, due to the division of labor in the coastal areas under the market segmentation and the lagging production technology in inland areas, the technology-related emission increase effect has been gradually enlarged, and the decreasing trend of the interregional environmental costs has gradually reversed. Therefore, to further strengthen the integration of the domestic market, especially in the coastal areas and the downstream areas of technology, can make full use of the inter-regional division of labor to promote the low-carbon development of China's manufacturing exports.

Chapter 8 summarizes the main empirical research results of this paper, and puts forward some policy suggestions to optimize the inter-regional division of labor and accelerate the integration of the domestic market according to the analysis above. Finally, this chapter points out several important directions for future research.

目　　录

TABLE OF CONTENTS

第 1 章

绪　　论

1.1　研究背景与意义

随着通信技术的发展与关税壁垒的降低，以跨国协作为代表的全球价值链模式已经成为经济全球化与国际分工的新常态（Baldwin 和 Lopez，2015）。通过以跨国公司为代表的发包主体，全球价值链按照生产成本最低的原则进行分工生产，使得各个国家逐渐从产品生产转向分工环节。而得益于资源与政策的双重红利，中国在这场变革洪流中快速带动了本国工业的出口扩张，逐渐成为全球最大的货物出口国家，取得了令世人瞩目的“出口奇迹”。不过，受制于组装加工的模式，中国出口呈现有量无质的发展困境。一方面，中国制造仅是凭借低廉的组装成本完成了产品的最终组装生产，中国出口中并非全部甚至多数都不是中国创造。尤其是在高技术产品出口方面，随着上游中间产品的重复穿越国境，虚假统计现象愈发凸显。以 iPhone 手机为例（Xing 和 Detert，2010）：若不考虑全球价值链分工，2007 ~2009 年中国出口到美国的 iPhone 手机价值分别为 6.87 亿美元、9.222 亿美元、20.227 亿美元。但是，如果追溯增加值的要素来源，中国出口到美国的 iPhone 手机真实价值仅为 0.195 亿美元、0.3435 亿美元与 0.7345 亿美元。另一方面，长期的组装加工模式不仅利润微薄，同样为中国经济引致了大量的减排压力。根据张文城和盛斌（2017）的测算结果，中国增加值出口的环境成本远在众多发达国家之上。以 CO_2 为例，2009 年，中国单位增加值出口产生的 CO_2 排放是美国、德国、日本、英国、法国等主要发达国家的 4 ~7 倍。并且，伴随着环境成本的上升、资源红利的褪去、出口市场的低迷与劳动成本更为低廉的印度、越南、孟加拉纷纷涌入，东南沿海的加工企业大量停产乃至倒闭，中国出口的天花板效应逐渐凸显，改变“大而不强”的发展困境日益紧迫。那么，如何才能顺利推动中国制造业的高端发展？

对此，许多学者从生产率悖论（李春顶，2010）、增加值贸易（Koopman 等，2012）、加成率陷阱（刘啟仁和黄建忠，2015）与服务化转型（程大中和程卓，2015）等多方位进行探讨，业已为中国出口利得提供了相对丰富的拓展。但是由于以上研究并未涉及区际分工，这将导致全球价值链下中国出口困境的内部根源难以得到有效揭示。具体而言，一方面，与传统贸易模式不同，一国出口的产品不再完全由本国内部生产完成，而是按照各自的禀赋优势，参与某一或某些环节的生产，分享经济收益。因此，国内生产环节的长短已经成为影响出口获益的关键。而作为全球最大的发展中国家，中国不仅地域广阔、规模庞大，区域之间同样具有鲜明的禀赋差异。通过40 年的改革开放，中国东部地区已经初步集聚了大量的装备制造业与生产性服务业，中西部地区亦形成了较为完备的加工组装制造体系。如果区域之间遵循禀赋优势进行分工，中国出口不仅可以避免集体扎堆于“组装加工”环节的恶性竞争，还可充分发挥产业间的关联效应，改变全球价值链（GVC）在国内链条太短的缺陷（刘志彪，2008），减少大进大出下的排放转入。另一方面，受制于财政分权与行政集权，各个地区之间存在严重的地方保护与产业同构，地区之间的发展呈现国际贸易偏好强于国内贸易偏好的发展悖论（张少军，2013）。这一现状不仅阻碍了区际（省际）贸易、滞缓了区际分工进程，而且使国内分工多数停留在区域内部，区际分工无法按照禀赋优势扩展，国内价值链条难以充分延伸。因此，区际分工不足可能构成了中国出口利得难以提升的主要障碍。但遗憾的是，已有认识和理解中国出口利得的文献，以及据此提出出口转型战略的政策方案，并未将区际分工与增加值出口纳入统一的分析框架之中。这样就难以全面理解和把握区际分工不足下的中国制造业的出口困境，以致形成对中国制造业发展的认知偏差。

与此同时，为了进一步释放国内发展活力与潜力，我国在“一带一路”倡议中明确提出“充分发挥国内各地区比较优势，实行更加积极主动的开放战略，加强东中西互动合作，全面提升开放型经济水平”的要求。可见作为一个区域经济水平与发展模式差距明显的大国，能否利用区际分工合作延长 GVC 在国内的环节，通过构建集群对集群的竞争、链条对链条的竞争和网络对网络的竞争，摆脱在 GVC 中的低端定位实现产业升级，培育面向全球生产网络的国内价值链既具有现实基础，又有重大政策意义。鉴于此，本书基于最新发展的增加值核算模型，利用更为符合中国制造业发展情景的模型构造，考察国内价值链对中国制造业出口转型升级的影响与背后变动机制。需要说明的是，关于制造业出口的转型升级，现有研究并未形成统一概念。不过，多数研究认为制造业转型升级一般是指制造业由低附加值走向高附加值的过程。考虑到中国制造业出口不仅面临经济效益的不足，还在担负沉重的环境压力，本书主要从制造业出口的价值攀升、服务化转型与低碳发展三个角度进行转型升级的刻画。

1.2 主要概念说明

1.2.1 国内价值链

根据已有文献，价值链的划分主要遵循以下标准：一是按照下游市场需求的不同，价值链条可以拆分为满足国内市场的国内价值链与满足出口市场的全球价值链（刘志彪和张杰，2007；袁凯华和彭水军，2017）；二是根据产品中的价值来源不同，价值链条亦可按照区际增加值与国外增加值的类别拆分为国内价值链与全球价值链（张少军，2013）。无论是哪类测度，价值链条仍是各个区域垂直分工的产物。鉴于本书主要考察出口中的国内增加值比重与结构变动，我们主要参照张少军（2013）进行价值链的定义。考虑到国内增加值存在本地与外地之分，为了剔除区域分工的影响，本书将出口中来自外地的增加值部分定义为国内价值链。

1.2.2 区域价值链

关于区域价值链的定义，较早的文献可以追溯到 Schmitz（2004）。基于部分新兴国家成功转型的事实，他们将一国参与由几个局部国家组织的生产协作活动定义为区域价值链。与 Schmitz（2004）不同，本书的研究主要聚焦于国内区域的分工生产，因而除非特别说明外，本书的区域价值链均是指制造业出口中来自本地区的增加值部分。

1.2.3 价值攀升

由于中国出口多是利用组装成本优势完成商品生产的最后环节，因而中国出口的增加值多数来自国外。并且，随着出口规模的膨胀，中国单位出口获利偏低的特点愈加凸显。能否推动中国制造由低增加值向高增加值转变，已经成为当前产业发展乃至升级问题的关键（苏杭等，2017；袁凯华和彭水军，2017）。鉴于此，本书选择单位出口中的国内增加值率进行价值攀升的测度。

1.2.4 制造业服务化转型

服务化转型主要可以分为以下两类：一是投入服务化，即服务投入在制造业的全部投入中的占比提升；二是产出服务化，即服务产品在制造业的全部产出中的占比提升。鉴于产出服务化的数据不易获取，本书参照彭水军等（2017）的做法，基于投入服务化来源，利用制造业出口中来自服务增加值的比例进行制造业服务化转型的测度。

1.2.5 区际环境成本

本书的区际环境成本是指单位区际增加值所内含的 CO_2，利用国内价值链中的碳排放规模与增加值规模之比进行衡量。其中，碳排放规模特指二氧化碳（CO_2）排放。CO_2排放与 C 排放二者可以相互折算，折算因子为44/12（CO_2分子的相对分子质量与 C 原子的相对原子质量的比值）。因此，采用CO_2排放还是 C 排放类似于使用不同的度量单位，并不会影响研究结论。

1.3 研究方法与数据

1.3.1 研究方法

根据研究的需要，本书综合采用了多种定性和定量分析方法，其中主要的数量分析方法包括：

（1）增加值贸易（Value Added in Trade，VAiT）模型

如果出口产品都是最终需求，那么传统贸易统计口径可以很好地反映一国真实收益。但在全球价值链下，出口产品不仅包括满足进口国消费或投资的最终需求，同样包含被进口国用于加工再出口的中间产品，这就意味着传统的口径无法反映真实收益。相比而言，立足最终需求的视角，追踪每单位出口产品引致的国内或国外收益，将会有效避免出口的重复计算，客观测度每个国家（地区）通过出口活动所获取的真实所得。

（2）多区域投入产出（Multi - Regional Input - Output，MRIO）分析

MRIO 模型是本书采用的主要数量分析方法，贯穿所有经验研究。如果结合本地区的投入产出数据和排放数据，单区域投入产出（Single Regional Input Output，SRIO）模型也可以用来研究增加值出口或内涵碳排放。但是，SRIO 模型没有追踪区际调出产品的最终流向，难以测算通过区际分工的间接出口部分。相反，MRIO 模型非常全面地刻画各区域的生产技术和区际（省际）贸易格局（包括分部门、双边的中间产品和最终产品贸易），因此能够很好地估算和分析各个地区的出口需求在本地区引致的增加值贸易或内涵碳以及通过区际分工引致的其他地区的增加值贸易或内涵碳。

（3）结构分解分析（Structural Decomposition Analysis，SDA）

SDA 是投入产出分析中常用的技术。SDA 类似于多元函数的微分计

算，是一种比较静态分析方法。本书第5章采用该方法研究价值攀升变动的影响因素。与已有文献不同的是，本书是在MRIO模型的基础上进行结构分解，从而能够同时分析区际产业关联、出口需求等因素对价值攀升变动的影响。

（4）指数分解方法（Index Decomposition Analysis，IDA）

在分析一个比值型指标在两个时间点的变化或比较两个区域的差异时，IDA也是常用的方法。本书第7章采用IDA分析区际分工下环境成本变动的原因。

1.3.2 数据来源及处理说明

本书使用的数据，主要来自国家信息中心、国家统计局与清华大学联合开发的1997年、2002年与2007年《区域间投入产出表》。该表涵盖了除去香港特区、澳门特区、台湾地区之外的8个地区（见表1-1）、17个生产部门（见表1-2）之间的中间品、最终需求往来以及进出口信息，曾多次被用于区际贸易的研究（潘文卿和李子奈，2007；潘文卿，2015）。与常见的全球投入产出表（如WIOD数据库或OECD开发的国家间投入产出表）相比，中国区域间的投入产出表与之存在以下两点差异：一是区域间的投入产出表着重刻画了不同地区之间的贸易往来。而在对外贸易往来之中，对于各个地区的中间品或最终品的来源并未进行国别区分。如表1-3所示，在两地区的区域间投入产出表中，各个地区之间的消耗矩阵均有详细刻画，但在进口与出口需求方面，地区的数据将会被压缩为一行或一列。二是为了保持行业总投入与总产出的平衡性，区域间投入产出表存在误差①一栏，用于存储总投入与总产出之间的差异。

① 误差项主要包括投入产出表中的“其他”与“库存”两项。一方面，除1997年投入产出表包括各个区域最终需求引致其他区域、行业的库存变动外，其余年份的库存变动都是单独一列，置于最终需求之后，这将导致我们无法追踪引致各个区域行业的库存变动的区域来源。为了保持一致，我们对1997年采取了类似的处理方式。另一方面，与“其他”类似，库存变动同样存在正负之分。如果用其计算增加值贸易，将会出现很多负值。因此，本书统一将“其他”与“库存”两项计入误差项。

表1-1　　区域间投入产出表的地区分布①

地区	省份
东北区域	黑龙江、吉林和辽宁
京津区域	北京和天津
北部沿海	河北和山东
东部沿海	江苏、上海和浙江
南部沿海	福建、广东和海南
中部区域	山西、河南、安徽、湖北、湖南和江西
西北区域	内蒙古、陕西、宁夏、甘肃、青海和新疆
西南区域	四川、重庆、广西、云南、贵州和西藏

表1-2　　区域间投入产出表的行业分布

编号	部门名称	编号	部门名称
S01	农林牧渔业	S10	机械工业
S02	采选业	S11	交通运输设备制造业
S03	食品制造及烟草加工业	S12	电子电器设备制造业
S04	纺织服装业	S13	其他制造业
S05	木材加工及家具制造业	S14	电力及蒸汽热水、煤气、自来水的生产和供应业
S06	造纸印刷及文教体育用品制造业	S15	建筑业
S07	石化工业	S16	货物运输及仓储业
S08	非金属矿物制品业	S17	其他服务业
S09	金属品冶炼及制品业		

为了方便跨国（地区）对比，本书同样使用了全球投入产出表。全球投入产出的数据主要来自欧盟资助开发的世界投入产出数据库（World Input - Output Database，WIOD）②。WIOD 数据库涵盖了 40 个国家或地区

① 需要说明的是，由于图、表的空间有限，正文图、表中涉及的具体区域均以地区的前两个字进行替代，如将东部沿海简称为“东部”，将中部区域简称为“中部”；在正文分析中，除特别强调外，东部地区均指沿海地区，东部沿海仅指“上海、江苏与浙江”。

② 本书采用 WIOD 在 2013 年发布的数据，主要涵盖 1995 ~ 2011 年全球 40 个国家之间的贸易往来数据，其中环境账户仅到 2009 年。虽然 WIOD 2016 年亦发布了新的数据版本，不过由于这一版本的时间跨度为 2000 ~ 2014 年且与 2013 年的版本存在一定的数据差异。为了与区域间投入产出表保持一致，本书采用 2013 年版本作为主要数据来源。

表1－3　　区域间投入产出表（以两地区为例）

项目			中间需求						最终需求				总产出
			A地区			B地区							
			部门1	…	部门n	部门1	…	部门n	A地区的最终需求	B地区的最终需求	出口	误差	
中间投入	A地区	部门1											
		…											
		部门n											
	B地区	部门1											
		…											
		部门n											
进口													
增加值													
总投入													

注：阴影区域刻画了中间产品和最终产品区际贸易。

（见表1－4）、35个部门（见表1－5）之间的中间品与最终需求的贸易往来，已经成为众多价值链研究的样本来源（Adao等，2017；Los等，2015；Johnson，2014）。以两个国家为例的WIOD基本结构如表1－6所示。参与该数据库开发的机构包括：荷兰格罗宁根大学、西班牙前瞻性技术研究所、德国康斯坦茨大学、德国欧洲经济研究中心、奥地利经济研究所、维也纳国际经济研究学会、希腊通信和计算机系统研究所等欧盟境内多个权威研究机构和位于法国的经济合作与发展组织（OECD）。有关WIOD数据库构建方法和数据来源的详细说明可参考Dietzenbacher等（2013）[①]。

① WIOD是一个公开的数据库，官方网站为各国研究者免费提供世界投入产出数据和环境数据的下载（参见http：//www. wiod. org/）。

表 1-4　　WIOD 直接建模的国家（地区）列表

德国	奥地利	斯洛伐克	美国	瑞典
法国	丹麦	卢森堡	加拿大	匈牙利
英国	希腊	斯洛文尼亚	中国	马耳他
意大利	芬兰	保加利亚	印度	土耳其
西班牙	葡萄牙	立陶宛	日本	印度尼西亚
荷兰	爱尔兰	拉脱维亚	韩国	俄罗斯
波兰	捷克	塞浦路斯	澳大利亚	巴西
比利时	罗马尼亚	爱沙尼亚	中国台湾	墨西哥

表 1-5　　WIOD 的部门分类

编号	部门名称	编号	部门名称
S01	农业、狩猎、林业和渔业	S19	汽车、摩托车销售和维修；燃料零售
S02	矿业及土石采取业	S20	除汽车、摩托车外的商品批发、代理销售业
S03	食品、饮料和烟草制品业	S21	除汽车、摩托车外的商品零售业
S04	纺织原料及纺织制品	S22	酒店餐饮业
S05	皮革和鞋类制造业	S23	陆地运输业
S06	木材、软木及其制品	S24	水上运输业
S07	造纸、印刷和出版业	S25	航空运输业
S08	焦炭，精炼石油及核燃料加工业	S26	其他辅助性运输活动
S09	化学原料及化学制品	S27	邮政通信业
S10	橡胶及塑料制品	S28	金融业
S11	非金属矿物产品	S29	房地产业
S12	基本金属及金属制品业	S30	设备租赁及其他商业服务业
S13	机械设备制造业	S31	公共管理、国防及社会保障业
S14	电气、光学设备制造业	S32	教育
S15	交通运输设备制造业	S33	医疗卫生和社会工作
S16	其他制造业、废物回收业	S34	其他社会、社区和个人服务
S17	电力，燃气及水的供应业	S35	有雇用人员的家庭
S18	建筑业		

注：各部门的中文名称由笔者翻译，原始英文名称可参见 WIOD。

表1-6　　WIOD的基本结构（以两个国家为例）

项目			中间需求						最终需求		总产出
			A国			B国			A国	B国	
			部门1	…	部门n	部门1	…	部门n			
中间投入	A国	部门1									
		…									
		部门n									
	B国	部门1									
		…									
		部门n									
增加值											
总投入											

注：阴影区域刻画了中间产品和最终产品国际贸易。

需要说明的是，区域间投入产出表并未公布各个区域、行业的排放数据。考虑到这一不足，本书使用中国排放账户数据库（China Emission Account & Datasets，CEADS）与其对接。该数据库由来自英国、美国与中国的多位专家构建，基础数据来自中国相关的统计年鉴，涵盖了除香港特区、澳门特区、台湾地区与西藏自治区之外的30个省（区、市）、45个部门的排放数据，先后多次被运用于中国环境问题的分析（Guan等，2012；Liu等，2015）。考虑到CEADS的区域、部门划分未与区域间投入产出表完全对应，在运算过程中，本书采用以下方法进行处理：①在部门层面，除服务部门外，CEADS的部门分类均可按照合并处理的方式与区域间投入产出表进行对应。考虑到服务部门的排放较小，本书将区域间投入产出表中的服务部门进行合并处理。这意味着在环境成本测算时，需要处理的部门分类仅有16个。②在区域层面，CEADS并不包含西藏的排放数据，并且2002年的海南与宁夏环境账户亦存在数值缺失。本书假设西藏的排放技术与青海类似，宁夏的排放技术与甘肃类似，海南的排放技术与广西类似，进行替代处理。

1.4 可能的边际创新

本书的研究建立在大量已有文献的基础上。相对于已有研究，本书的创新或贡献主要包括以下几点：

第一，研究视角上的创新。一方面，绝大部分已有文献采用产业关联或传统贸易流量分析区际分工问题，而本书则采用增加值贸易指标。通过全球价值链的研究可知，由于中国制造主要凭借低廉的组装成本对接全球价值链条，中国制造业的中间投入份额很大程度来自国外进口。而与全球价值链类似的是，在国内价值链的分工过程中，同样存在沿海地区利用进口投入满足内陆地区生产需求的情形。为了避免研究中的虚假统计问题，本书定义的转型升级指标均以价值来源为参照基准，更适合分析全球生产网络下，不同地区借助区际分工实现制造业出口转型升级的真实能力。另一方面，由于以往研究多是基于区际（省际）贸易或区际（省际）贸易与出口贸易的加总数额进行区际分工的研究，这将导致借助禀赋差异与本地市场、推动制造业出口转型升级的构想难以得到验证。相比而言，通过将最终需求扩展于出口市场，本书的量化研究更加有助于我们加深对国内价值链和出口转型升级的认识和理解。

第二，研究内容方面的创新或贡献。近年来，采用投入产出模型研究中国国内价值链与制造业发展的文献初步涌现，但是有一些重要的问题已有文献很少触及。本书的研究补充了已有文献对于某些问题研究的缺乏，这包括：①出口对经济增长的贡献。尽管出口拉动经济增长的研究由来已久，但受制于投入产出技术或数据缺失，已有研究普遍忽略了出口活动中的国内价值链条。这不仅导致了出口对经济增长的贡献低估，更使“先富带动后富”“最终实现共同富裕”的战略布局难以揭示。本书借助 MRIO 模型，通过将出口分为区域出口（通过直接满足本地出口需求的价值增值部分）和区际出口（借助国内价值链满足出口需求的价值增值部分），纠正了已有出口研究的认知偏误、揭示了利用MRIO模型进行研究的必要。

②中国区际贸易成本的比较分析。除潘文卿和李跟强（2017）外，已有文献多是侧重于中国对外贸易成本的测度。尽管潘文卿和李跟强（2017）给予了一定的扩充，但受限于他们的研究仍是停留于传统的贸易流量，此类研究很难追溯上游行业（地区）的价值创造。本书基于增加值视角，再次测度了区际贸易成本与对外贸易成本变动，全面刻画了当前国内分工的特点与不足。并且，通过对比国内外贸易成本差异，进一步揭示了低端化区际整合困境。

③国内价值链对于制造业出口价值攀升的影响。随着低端俘获的凸显，国内增加值率已经成为衡量价值攀升的重要标准。但是受制于研究视角，现有文献立足于区际分工的分析不仅相对鲜见，对于价值攀升的动力分析更是相对空白。本书利用MRIO－SDA测算了区际分工对于价值攀升的影响与驱动因素，为进一步利用国内价值链加快制造业转型升级提供有效参考。

④国内价值链对于制造业出口服务化转型的影响。尽管服务化转型的不足已经成为困扰中国制造的重要难题，但是现有文献却忽视了区际分工对于服务化转型的影响。作为我国经济增长的前沿阵地，通过长期的对外开放，东部沿海同样集聚了大量的生产性服务业。如果地区之间能够通过区际分工发挥各自的禀赋优势，中国制造仍然存在借助国内价值链条实现服务化转型的契机。通过增加值类型的拆分，本书测度分析了区际分工错配下的服务化转型困境，并进一步结合双边路径，揭示了分工错配的深层原因。

⑤国内价值链对于中国制造业出口“经济—环境”效益的影响。关于制造业出口的“经济—环境”效益研究，除Duan和Jiang（2017）、张文城和盛斌（2017）外，已有研究多是立足传统的能耗指标，这将导致行业发展的环境成本长期受到忽视。并且，由于Duan和Jiang（2017）、张文城和盛斌（2017）的研究主要聚焦于国家层面，此类文献未能刻画国内价值链对于地区“经济—环境”效益影响。本书利用投入产出模型与指数分解相结合的方法刻画了区际分工对于制造业低碳转型的动态影响，为新常态下进一步摆脱粗放型增长困境提供切实参考。

第三，研究方法上的创新。本书在研究方法上的创新主要包括：

①采用MRIO模型测算增加值变动，避免了SRIO模型下技术同质性、等比例假设的不足，使得经验结果更加接近于客观现实。并进一步结合数量模型、假想例子以及经验结果等方面（第4章）比较了本书研究与以往文献的差别，这种系统比较也是已有文献相对缺乏的。

②在MRIO模型的基础上进行价值攀升与环境成本变动的分解分析。通过将价值攀升变动分解为不同地区之间的区际关联与出口需求引致，本书较为客观地测度了束缚价值攀升的主要影响因素；通过对于环境成本的指数分解，本书同样将环境成本变动系统分解为排放强度、增加值系数、投入结构与出口需求的引致部分，较为清晰地刻画了粗放型投入结构对于低碳转型的束缚作用。

1.5 结构安排

本书共8章，主要内容的组织结构如图1-1所示。

第2章是文献综述。该章首先对全球价值链下中国制造业的发展困境进行阐述；其次对于国内价值链分工的研究进行梳理；最后对比分析了现有文献的特点与不足。按照研究视角的不同，已有文献主要可以分为以下两类：一是基于中国制造业参与全球分工困境的研究。基于制造业出口的国内增加值比率、服务投入所占份额与环境能耗三个角度，分别论述了中国制造转型升级面临的困境。二是基于区际分工的研究。主要从构想与现实两个维度阐述了借助区际分工推动中国制造转型升级的可能与挑战。相对于前一类研究，受限于数据或核算技术，此类研究的量化分析相对较少，并且为数不多的量化研究亦是局限于区际（省际）贸易层面。

第3章~第7章是基于区域间投入产出表进行的系列经验研究。

第3章，利用可以追溯区际出口（通过国内价值链条满足出口需求的形式）、刻画国内价值链条的MRIO模型与忽略区际出口、存在测算偏误的SRIO模型对比，客观揭示了出口需求的真实贡献力度与国内价值链驱动的

"先富带动后富"的开放格局。第4章，利用基于增加值视角的贸易成本测度方法，分析了价值链分工下不同区域、行业的贸易成本差异，以此刻画区际市场的整合现状。第5章，利用国内增加值率测算了不同地区制造业出口的价值攀升变动特点，并进一步利用MRIO-SDA分析了不同区域价值攀升差异的驱动因素。第6章，根据增加值来源的行业属性，测度分析了区际分工对于制造业服务化转型的影响，并进一步结合地区在区际分工中的角色定位与自身的禀赋优势，明晰了制约服务化转型的动力与阻力。第7章，根据中国制造业出口中的区际增加值率与环境成本变动趋势，进行国内价值链能否推动低碳转型的论证，在此基础上，进一步利用指数分解，揭示了不同区域制造业出口中区际环境成本变动的主要影响因素。

第8章，总结本书的主要研究结果，并紧密结合经验研究结果，立足新常态下外需放缓、成本上涨的宏观背景讨论了相关结论的政策启示，提出了重塑国内价值链推动中国制造业出口转型升级的政策建议。

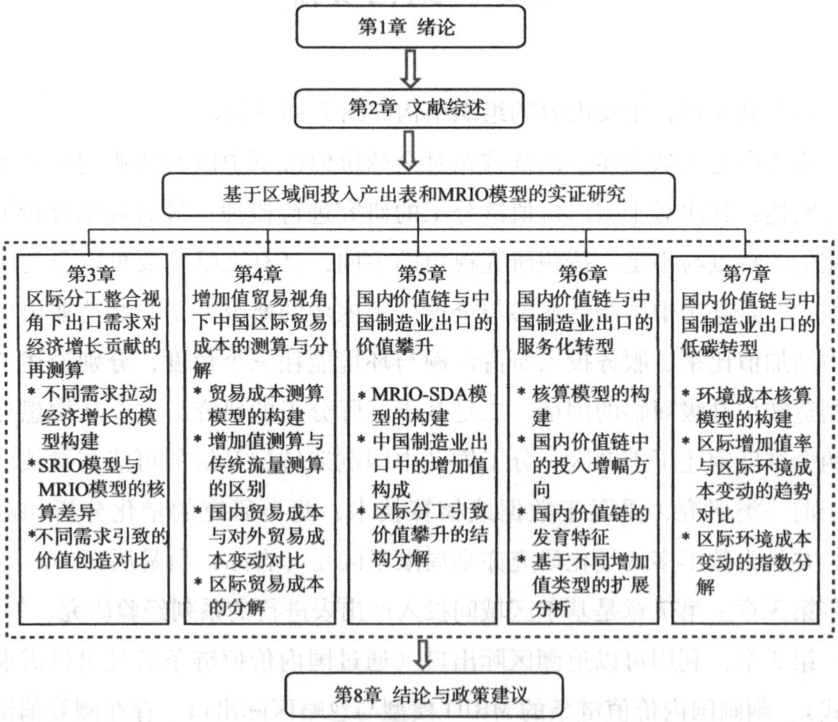

图1-1 本书组织结构

第 2 章

文献综述

本章主要通过两个方面进行阐述。一方面，受制于后发劣势，发展中国家在国际分工中普遍面临着“出口俘获”的风险。而作为全球最大的商品出口国，中国制造的出口困境更为凸显。通过国内增加值率、服务化转型与碳排放三个维度，本书重点阐释了中国制造业出口转型升级的主要障碍。另一方面，基于国内价值链相关研究与中国国内分工现状，本书总结了借助区际分工战略，中国制造业出口转型升级可能的路径与挑战。本章针对现有文献的特点进行了简要评述。

2.1 制造业出口的发展困境

自第三次技术革命以来，随着通信技术的发展与关税壁垒的降低，以跨国协作为代表的产品内分工模式日渐成为全球资源配置的主流。在这种模式下，不仅发达国家有效利用了来自全球的资源，发展中国家也获得了推动经济增长的机会。不过，由于“后发劣势”，大量研究发现，在发达国家牢牢掌控全球价值链条的背景下，多数发展中国家的参与者则在这些“链主”企业的重重阻碍下被俘获于低增加值环节，甚至陷入“悲惨增长”的境地，即在经济规模不断膨胀的同时，分工报酬却在不断降低、环境成本却在不断上升。那么，作为全球最大的后发经济体，中国是否面临同样的困境？在参与全球分工过程中应当如何应对这一挑战？

学界对此问题的研究，最早可以追溯到20世纪50年代。基于发达国家与发展中国家的历史数据，Prebisch（1950）发表了一份题为《拉丁美洲的经济发展及其主要问题》的报告，利用“中心—外围”理论系统地阐释了拉美国家发展困境的根源。他们认为根据生产技术的不同，现实世界可以划分为“中心”与“外围”两个体系。其中，“中心”是指已经实现了技术革命的工业化国家，主要生产“工业品”。而“外围”则是类似拉美地区、生产技术落后的发展中国家，主要生产“初级产品”。“中心”地区主要出口“工业品”进口“初级产品”，“外围”地区主要出口“初级产品”进口“工业品”。根据人们熟知的“剪刀差”，整个国际分工的收益、分配呈现偏向“中心”地区的倾斜。因此，这种不公性的分配将会加重“外围”地区的发展困境。在此基础上，Bhagwati（1958）则结合贸易条件进行归纳。研究指出，由于国际分工的不平等性，比较优势推动的经济增长可能会被贸易条件的不断恶化所抵消，从而导致了本国收入水平、消费水平下降的贫困化增长。受此启示，贸易条件成为测度不平等性的关注焦点。

通过测度制成品的贸易价格变动，Singer（1971）发现，随着时间的推移，发展中国家出口的制成品相对于发达国家的价格亦在下降。这意味着，后发国家贸易条件的恶化可能并不局限于初级产品，甚至已经扩展至制成品领域。与之类似的是，Wood（1997）在 Minford 等（1995）的基础上，计算了 1985 ~ 1995 年发展中国家与发达国家的服务贸易条件。研究发现，相比发达国家，发展中国家的服务贸易条件下降了 20%。Maizels（1998）则利用发展中国家与美国、欧盟、日本之间的贸易数据进行了更细致的分析。研究发现，尽管发展中国家对不同发达国家的贸易条件恶化程度有所差异，但总体来看，后发国家的贸易条件都在恶化。从而，再次证明了“中心—外围”理论并不局限于初级产品的研究结论。

事实上，随着产品内分工的发展，全球价值链使得各国参与生产的产品种类不再受限，即使是后发国家亦可通过全球价值链条参与制成品或服务贸易的生产、供给。不过，由于产品内分工仍是由跨国公司通过全球价值链所配置（UNCTAD，2013），因此国际分工的“不平等”性仍未改变。作为并不具备生产、完成高技术产品的核心能力的群体，发展中国家更多地通过代工方式参与国际生产。在代工模式下，本土企业容易实现工艺升级和产品升级，但是，当发展中国家在历经功能升级（Functional Upgrading）或链条升级（Chain Upgrading）后，将会遇到发达国家的国际大购买商（购买者驱动）或跨国公司（生产者驱动）的双重阻击和控制，进而被限制于低增加值、低技术含量的生产制造环节（Gereffi，2001）。

而作为全球最大的代工经济体，中国出口同样未能摆脱出口俘获的困扰。基于中国多年的代工经验，刘志彪（2007、2009、2014）发现：一方面，在跨国公司控制的价值链下，为了满足出口市场的“苛刻”需求，本土企业需要不断进口更为先进的机器设备，从而阻碍了国内装备制造业“技术能力”和“市场能力”的发展，打乱了中国区域之间的产业布局和分工；另一方面，由于中国东部地区长期专注于组装加工模式，这将导致制造业与生产性服务业的“分离”，抑制了国内生产性服务业的市场需求，致使中国产业升级愈加困难。受其启发，中国制造业出口的转型升级困境受到了越来越多的关注。需要说明的是，由于出口的转型升级的内涵相对丰富，已有文献没有对其作出明确定义。比如刘德学（2006）、汤碧（2012）将加工贸易到一般贸易的转变视为出口升级；邢斐（2016）则将中间品的出口视为转型升级。虽然不同文献的视角有所差异，不过概括而言，出口的转型升级一般是指企业在全球价值链下由低附加值向高附加值攀升、由低效率生产向高效率生产、由低质量生产向高质量生产的转变过程。鉴于此，本书着重从出口低值（出口对经济增长贡献率偏低）和出口转型升级的三个维度（国内增加值率、服务化转型与绿色发展）进行中国出口转型困境的系统性概述。

2.1.1　出口低值

作为拉动经济增长的三驾马车，出口对经济增长的贡献备受关注。尤其是随着全球一体化的进程加快、“你中有我”“我中有你”的分工格局凸显，如何在链式生产网络下，客观测度出口对于经济增长的贡献，成为学界的关注焦点。

利用投入产出框架，Chenery 等（1962）开启了外需与本国产出分析的先河。通过将产出变化分解为国内需求结构、出口、进口、技术和组织等几种因素，Chenery 等（1962）解释了 1914～1954 年日本工业化的进程。利用亚洲经济研究所估算的中国 1957 年、1965 年、1975 年与 1981 年的投入产出数据，Urata（1987）将中国产出增长分解为消费、投资、中间投入与外贸四种因素。不过，由于早期的中间品贸易并不发达，上述研究未将虚假统计考虑在内。而随着垂直专业化的推进与虚假统计问题的显现，基于价值链的核算逐步替代传统统计口径，成为度量经济增长的主要工具。通过将进口品分离的投入产出表拆分方法，沈利生（2009）测算了2002～2006年出口对中国GDP的影响，研究发现虽然相较于消费和投资，出口对GDP贡献最弱，仅为20%～28%，但是随着出口规模的扩大，经济增长对于出口需求的依赖作用不断提升。与之类似的是，通过贸易类型的区分，中国2007年投入产出表分析应用课题组（2010）同样发现，2007年出口需求对于GDP的带动作用大致为22.39%。基于全球生产网络下的价值创造追寻，刘瑞翔等（2017）发现随着时间的推移，国外需求对中国经济增长的贡献率由1995年的8.96%提升至2011年的12.03%。利用更新的投入产出数据，陈全润等（2022）发现，自2006年后，国外需求对中国经济增长的贡献率由29%不断下滑。随着新常态下的多重压力叠加，部分学者开始了对于出口贸易的反思：借助单区域投入产出（Single Regional Input Output，SRIO）模型，张少军和刘志彪（2013）发现，率先崛起的东部沿海不仅未能有效带动内陆地区的发展，反而逐渐脱离国内分工网络；利用1987～2007年30个省市的单区域投入产出表进行分析，张少军和李善同（2017）同样指出，出口对于经济增长的贡献仅为5.3%～9.4%，甚至不足省际贸易贡献力度的1/3。

显然，随着研究的推进，不少文献开始了出口贡献率的反思。尽管此类研究丰富了我们对于新型经济增长动力的认识，却不足以客观评价出口对经济增长的贡献。受限于SRIO模型只能刻画单个省市内部分工网络的弊端，已有文献普遍忽略了国内价值链条驱动的出口网络，低估了出口对于经济增长的贡献。作为全球最大的发展中国家，中国的改革开放自实施之初就蕴含着“先富带动后富”“最终实现共同富裕”的美好愿景；而在加入全球生产网络之前，中国国内早已存在着连接各个省市的国内分工网络。遗憾的是，由于SRIO模型无法刻画出口驱动的国内价值链条，已有研究很难识别出口引致“共同富裕”路径、推动中国区域协调的进一步发展。

2.1.2 国内增加值率

由于后发国家多是从事组装加工环节，其出口产品中包含了大量的国外中间投入。因而，在“所见非所得”的背景下，如何推动行业由低增加值率向高增加值率的转变，成为当前产业发展乃至升级问题的关键（苏杭等，2017；袁凯华和彭水军，2017）。自 Feenstra（1999）指出中国出口到美国的加工贸易夸大了贸易顺差之后，大量学者便开始了针对出口中一国国内增加值创造的探索。

一方面，受制于数据所限，案例分析成为较早切入国内增加值率研究的工具。如基于 iPhone 生产链条中的价值分布，Xing 和 Detert（2010）发现尽管中国出口了全球最多的 iPhone 成机，但是由于中国仅完成了最后的代工组装程序，真实获益不足出口数额的4%，单纯的基于出口总额将会严重高估中国贸易利得；在 iPad 的价值链条中，Kraemer 等（2011）则发现中国大陆、韩国、日本和中国台湾占据的增加值份额仅为2%、1%、7%和2%，美国创造的增加值却高达30%。以上个案分析虽然揭示了特定产品生产中的价值份额，却无法刻画行业整体的生产特性。有鉴于此，Kee 和 Tang（2012）利用工业企业和海关数据匹配的样本，进一步将增加值核算由产品个体拓展到微观企业层面，首次提出了测度出口企业的国内增加值率的测算方法；在此基础上，通过考虑不同进口贸易方式、特征、间接进口与资本品进口问题之后，张杰等（2013）对于国内增加值率的测算做出了进一步的修正。他们发现尽管2000~2006年，出口企业的国内增加值率经历了48.39%~57.7%的变动，但是高技术密集型行业的国内增加值率却在呈现50.26%~49.59%的轻微下滑，在2003年这一数值低至43.17%，这意味着高技术行业的竞争能力仍是困扰国内增加值率攀升的关键。

另一方面，随着投入产出数据与量化技术的完善，基于国家层面的增加值率测算逐步浮现。相比微观视角的测度，由于数据来自国家层面，宏观层面的结果更能避免样本的选择偏误。利用行业层面的投入产出数据，Hummels 等（2001）（下文简称 HIY）、Yi（2003、2010）依次构建了垂直专业化分工（Vertical Specialization，VS）的基本分析框架进行一国参与国际生产分工程度的研究。不过，HIY 方法假定在国际分工过程中，并不存在一个国家通过进口中间品再次加工并用于出口的现象，然而这种情况在产品内贸易模式下却非常普遍。为了克服这一不足，Koopman 等（2014）与 Wang 等（2013）通过国内增加值、国外增加值、回流部分与重复计算的拆分，系统总结了国家与部门层面的国内增加值率测算范式。而借鉴国外的研究范式，基于中国制造业价值攀升的研究亦在推进。利用总值核算框架，王岚（2014）发现融入全球价值链仅仅提升了低技术制造业的国际分工地位，而对中高技术行业却具有一定的俘获作用。基于中欧双边出口的核算分解，高运胜等（2015）发现中国制造业出口中国内增加值率呈 81.93% ~75.46% 的下滑，且资本技术密集型行业低于劳动密集型行业。

不过，需要注意的是，由于投入产出技术依赖线性假设，因而，是否考虑内部个体的异质性将会成为影响测度结果的关键所在。在为数不多考虑个体异质性的文献中，Koopman 等（2012）利用二次优化方法，率先揭示了贸易类型对于国内增加值率测算的影响。研究发现，如果考虑加工贸易，中国制造业出口的国内增加值率将在 50.0% ~59.7% 之间；如果忽略加工贸易，中国制造业出口的国内增加值率则在 72.9% ~81.1% 之间。考虑到不同地区之间的生产技术差异，苏庆义（2016）则首次将出口中的国内增加值率测算扩展于区域层面。研究发现，2007 年中国出口的国内增加值率仅为 68.64%。显然，相比基于国家整体的测算，考虑个体异质性的国内增加值率更加微弱。因此，忽略个体的研究可能存在高估单位出口的国内价值创造之嫌。

2.1.3 制造业服务化转型

制造业的发展离不开服务化转型，这是因为从国际产业发展规律看，制造业转型升级及国际分工地位的提升，有赖于生产性服务业的支撑和引领（戴翔，2017）。换句话说，作为中间投入品的服务，对制造业的高端化发展、竞争实力的提升发挥着越来越重要的作用。

从已有文献来看，随着发达国家的产业结构的不断软化，服务化转型的意义较早得到了国外研究的支撑。立足于产业关联，Francois（1990）指出作为中间投入的服务业虽然脱胎于制造行列，却与制造业分而不离，使得专业化属性极大地提高了相关部门的效率；此后，基于嵌入高级要素促进创新（Felli，1995）、黏合生产环节降低成本（Robinson，2002）的传导渠道，服务投入的促进作用得到了更多的国外理论与经验的支撑。受此启发，产业关联亦成为国内相关研究的重要媒介。基于 2007 年的投入产出数据，顾乃华和夏杰长（2010）率先验证了服务投入对于制造业技术效率的促进作用。他们发现服务投入的作用机制对于不同地区的表现不尽相同：相比内陆地区，更为开放的沿海地区获益更加突出。利用 1997～2007 年的投入产出分解，张亚军等（2014）则在更多的样本区间内对于服务化的促进机制做出了论证。考虑到服务化投入的作用不仅在于生产效率的提升，彭水军和李虹静（2014）还利用投入产出与行业匹配数据，验证了不同类别的服务投入对于制造业出口的带动作用。进一步扩展于异质性贸易，刘斌（2016）利用投入产出表、中国工业企业数据和海关进出口企业数据，基于更加微观的研究视角，论证了服务投入通过垂直效应（产品质量）和水平效应（产品技术复杂度）对于制造业发展的提升作用。

尽管服务化转型的重要作用得到了广泛论证，但这并不意味着中国制造正在借助服务化转型推动了产业升级。一方面，由于中国长期专注于组装加工，大量的中间投入来自国外，忽视要素来源的产业关联将会夸大国内服务投入与制造业发展的关系。伴随着中国服务业发展滞后现象的凸显（高传胜等，2008），服务悖论（制造业发展与国内服务投入相互背离的现象）逐渐引起了人们的反思。基于部分发达地区服务份额偏低现象，刘志彪（2011）认为受制于两头在外的加工贸易，中国制造的服务投入大量来自国外，致使国内产业关联和循环体系出现"断点"，国内服务发展受到抑制。通过进一步剔除进口投入，张月友（2014）则为这一构想提供了初步支撑。利用中美两国的投入产出数据对比，他们发现中国制造存在与服务行业关联偏高的假象，并且这种特征可能建立于加工贸易下的大进大出、国外服务挤出国内服务的基础之上。另一方面，随着全球价值链理论和定量研究的快速发展（Hummels 等，2001；Johnson 和 Noguera，2012；Koopman 等，2014），也有部分学者开始采用增加值贸易核算来系统测度和分析当前全球价值链分工模式下的中国制造业服务化水平。不同于生产消耗系数的度量，增加值贸易核算方法可以对全球生产分块化背景下的国际商品和服务贸易流动进行衡量，从而可以有效区分制造业中服务投入的国别来源，克服传统贸易统计体系下贸易数据的重复计算问题。程大中和程卓（2015）基于 OECD - WTO 的跨国投入产出表，借鉴 Timmer 等（2014）的模型方法测算了中国出口贸易中的服务含量后发现，1995 ~ 2009 年中国总体增加值贸易出口中的服务含量不断上升，但这主要是由于来自国外服务含量占比的提升，而来自国内的服务含量占比却不升反降。戴翔（2016）则利用 WIOD 提供的全球投入产出表数据，得到了非常类似的结论。研究发现，1995 ~ 2011 年中国制造业出口中的服务增加值率总体呈上升态势，来自国内服务投入的增加值在服务增加值总量中均占据主导地位，不过从变化趋势来看，国内服务投入所处地位呈下降趋势，而国外服务投入则呈上升趋势。这两篇代表性文献的研究结论均发现，我国制造业服务化转型呈现出“以国外服务替代国内服务”的变动趋势，这与近年来国内服务业较快发展的基本态势（国内服务业占 GDP 的比重由 1995 年的 33.7% 上升至 2011 年的 44.3%）以及发达国家制造业服务化的特征事实（Falk 和 Peng，2013）并不相符，中国制造业似乎存在着“服务化悖论”。

2.1.4 低碳发展

作为经济增长的非期望产出，环境问题总与经济总量的扩展相伴而生。随着全球分工的扩张，贸易开放引致的污染排放同样受到大量关注。

较早的理论文献可以追溯到 20 世纪 90 年代。Grossman 和 Krueger（1993）最先将出口的环境效应分解为规模效应、结构效应和技术效应，探讨了贸易开放对一国环境的影响。Copeland 和 Taylor（1994）则在两个国家、连续商品的一般均衡模型中引入生产污染排放，首次从数理模型上把贸易开放引致的污染排放变化分解成以上三个效应，正式建立了贸易开放作用于一国环境的“三效应理论”。不过，相比发达国家，发展中国家遭受的环境问题似乎更加严峻。为了回答这一问题，“污染天堂”假说认为，落后国家为了吸引更多的外商资本，往往更加倾向于降低环境规制标准，加大污染密集型产品的生产与出口，从而逐渐沦为发达国家的“污染天堂”（Markusen，1999；List 和 Co，2000）。立足这一假说，大量基于计量回归的文献不断涌现（Cole，2003；Frankel 和 Rose，2005；刘华军和闫庆悦，2011；李锴和齐绍洲，2011；李小平和卢现祥，2010）。诚然，计量模型能够较好地回应“贸易开放度增加 1%，中国碳排放会变化几个百分点”的问题，但是，在“在当前贸易开放度下，中国参与国际贸易给国内造成多少碳排放?”或者“某种商品出口造成国内多少碳排放”的问题方面，利用回归分析的解释可能并不恰当。

为了厘清贸易中的污染排放，基于投入产出分析的“内涵碳”成为相关研究的关注焦点。受制于数据可得性，早期文献多是基于单区域投入产出（SRIO）模型测算发达国家的内涵碳排放并分析贸易对环境的影响（Munksgaard 等，2001；Wilting 等，2006）。但 SRIO 模型的“国内技术假设”（Domestic Technology Assumption，DTA），即进口产品和本国产品生产技术相同，与现实生活差距较大，使得内涵碳排放测算不准确。后来发展的多区域投入产出（MRIO）模型解决了该问题。MRIO 模型充分考虑各国生产技术的差异性，反映了区域内各个部门间的供需平衡关系和本区域的国民收入产生与分配情况，更准确地测算了贸易对环境的真实影响。如 Peters 和 Hertwich（2006）使用 MRIO 模型测算了挪威进出口贸易引致的碳排放，并揭示了“国内技术假设”低估了挪威 150% 的内涵碳排放。以上核算方法均以生产侧排放为原则，但生产服务于消费，在国际分工不断深化的背景下，很多学者开始关注全球价值链与环境政策相互作用（Hoekstra 和 Wiedmanm，2014），大量经济学家开始进行以消费侧排放为原则的内涵碳排放测算并反映南北国家的内涵碳排放转移问题。如 Peters 和 Hertwich（2008）通过移除与本国生产相关的出口碳排放，加入与消费相关的进口碳排放来调整碳排放项目。而后，大量实证文献表明，发达国家生产内涵碳排放低于消费内涵碳排放，为净进口碳排放国，说明他们从进口污染密集型产品中获益（Peters 等，2011；Arto 等，2014；Xu 和 Dietzenbacher，2014）。更为严峻的是，发达国家的净进口碳排放有不断增加的趋势，甚至超过《京都议定书》所规定的减排量（Peters 等，2011）。

而在单独针对中国排放的研究中，国内研究主要分为以下两类：一是基于中国与主要经济体生产侧与消费侧内涵碳排放，探究贸易内涵碳排放下中国的减排责任。如闫云凤和赵忠秀（2013）等基于 OECD 投入产出表构建 MRIO 模型测算了中国对外贸易隐含碳及其排放责任，研究发现中国对外贸易隐含碳的净出口占比亦十分突出，1995～2009 年中国对外贸易隐含碳净出口占国内碳排放总量的比例高达 11.77%～19.93%。张文城和彭水军（2014、2015）通过测算和比较分析了 1995～2009 年中国生产侧碳排放量和消费侧碳排放量，发现中国大量的生产碳排放服务于美、欧、日等发达经济体的最终需求，发达国家对发展中国家存在碳排放转移现象和突出的“发达国家消费与中国污染”问题。二是关于中国国内地区的污染排放研究，探究了出口需求引致的区域间排放转移。如利用 2002 年、2007 年区域间投入产出表，Meng 等（2013）基于溢出效应刻画了不同地区出口对其他地区碳排放的引致作用。他们发现，东部沿海与南部沿海对其他地区尤其是中部地区的引致排放最为庞大。其中，中部地区遭受引致排放突出的原因可能是自身技术较为肮脏、地理位置临近。基于跨度更大的样本时期，Tang 等（2014）发现虽然东部沿海与南部沿海对于其他区域溢出作用最为庞大，但是这种作用在不同阶段有所分化。在每亿元出口中，东部沿海与南部沿海在 1997～2002 年的出口引致作用有所减弱，而在 2002～2007 年却不断强化。进一步考虑到排放转出存在双向互动，Liu 等（2015）利用 1997 年、2002 年与 2007 年的数据刻画了出口中的净转出。他们发现，1997～2007 年东部沿海的出口分别引致了中部地区与西北地区 643 万～2278 万吨、142 万～1187 万吨的碳排放净转出。

总体来看，以上研究多是在一个共同的逻辑框架下展开。即在全球分工体系下，落后国家（地区）通过承接发达国家（地区）出口需求而被迫承担大量污染转移。不可否认的是，这一特征虽然印证了后发国家的发展事实，但却忽略了发展中国家的经济收益。全球分工不仅为后发国家带来了污染转移，同样为其提供了一定的经济收益。有鉴于此，Duan 和 Jiang（2017）借助 WIOD 1995～2009 年的相关数据，利用全球增加值与碳排放数据，改进之前的“污染贸易条件”（PTT）指标，以此分析中国参与全球分工中的“经济—环境”收益。张文城和盛斌（2017）则将其扩展至增加值出口层面，刻画了中国增加值出口的环境成本。遗憾的是，此类文献仅在国家层面对于中国参与全球分工的“经济—环境”效益进行了回应，而对地区差异明显的内部环境成本并未有效回应。

2.2 国内价值链的构建与挑战

事实上，由于低端俘获并非中国制造的特有现象，围绕破解这一困境的议题成为价值链研究的另一主线。在众多相关研究中，立足国内市场的转型战略受到了较多的国内学者关注。

2.2.1 国内价值链的提出

根据Krugman（1980）的母国市场效应：“在一个存在规模报酬递增和贸易成本的世界中，厂商倾向于将生产集中在对其产品具有超常需求的国家（或地区），拥有相对较大国内市场需求的国家（或地区）将成为净出口国（或地区）。这意味着出口国国内市场需求是其出口贸易的重要前提之一，一国特定产品（行业）的国内市场规模大小决定着该产品出口的潜在优势大小。”同样，在全球价值链下，如果一个商品拥有更多的国内市场，那么本地商品可能拥有更多的议价权利，从而可以很大程度上摆脱来自国际买（卖）方的低端俘获。基于这一认识，国内市场逐步成为推进制造业升级的关键所在。立足日韩成功转型的事实，Gereffi 和 Memedovic（2003）与Hobday（2005）指出通过干中学与组织演替不断积累整合资源，东亚国家借助国内市场，逐步有序地实现了组装加工（OEM）到自主设计（ODM）再到自主运营（OBM）的升级，顺利走向了价值链的高端环节。立足印度与巴西的发展经验，Schmitz（2004）亦发现立足国内市场的发展战略，更能帮助本土企业进入研发、销售等高附加值生产领域。

而在国内文献中，刘志彪和张杰（2007）则率先将这一国内市场导向的发展模式引入国内研究，并系统总结为国内价值链（National Value Chain，NVC）发展战略。他们认为，不同于其他后发国家，作为全球最大的发展中国家，中国不仅具有庞大的人口规模、幅员辽阔的国土面积，还拥有差异化的消费群体。这对培育国内价值链中本土企业的主导竞争实力，摆脱发展初期直接面向全球价值链主的不对称竞争，培育高级要素条件，拥有着关键性作用。因此，中国制造或中国代工必须依靠国内市场、培育本土品牌，才能“决战于国内，决胜于国外”，提升出口利得、破除GVC下的低端俘获。不过，国内价值链的构建并非一蹴而就的，这是因为中国地区之间的要素禀赋不仅差异明显，地区经济发展水平、基础设施同样存在鲜明的分化。为了在动态的竞争中实现价值链的攀升和区域经济良性互动，较为可行的战略政策是，在东部地区已经深度对接全球生产网络的基础上，通过国内生产环节的延伸，构建以本土企业为主体的国内价值链（刘志彪和张少军，2008）。此后，更多的研究围绕着国内市场的选择条件、创新链条进行展开（徐宁等，2014；刘志彪，2015）。

2.2.2 国内价值链的挑战

值得注意的是，虽然NVC的构想得到了广泛关注，但是NVC的实践并非坦途。这是因为NVC的实施，不仅需要广阔的国内需求，还须借助东部沿海的分工互动。然而，这一分工前提可能并不成立。

（1）东部沿海的国内分工脱离

作为我国经济增长的前沿阵地，沿海地区尤其是东部沿海的分工呈现较高的外部参与度。如借助1997年、2002年与2007年的区域间投入产出表，基于出口总量（区际调出与对外出口的加总）的拆分，李跟强和潘文卿（2016）发现沿海区域偏好于国外区域，而内陆区域有明显的邻近“向极性”供给偏好（向邻近的京津地区、东部沿海或南部沿海供给），增加值供给的区域非均等特征显著。进一步将区域间投入产出表嵌入于全球投入产出数据，倪红福和夏杰长（2016）更加细致地刻画了区域间的分工情形。研究发现，各地区垂直分工（VS/出口总量）程度变动的原因有所差异，内陆区域主要是由与国内其他区域的垂直专业化联系加强而导致的，而沿海区域主要是由与世界其他国家的垂直专业化联系加强而引起的。

不过，沿海地区的当前分工模式并未有效推动中国制造的转型升级。借鉴 Hummels 等（2001）的等比例假定，张少军（2013）在 SRIO 模型的基础上，分别利用出口和调出中来自国内投入份额衡量的国内价值链与来自进口投入份额衡量的全球价值链，进行了链条互动的刻画。研究发现东部目前形成的全球价值链和国内价值链之间存在着负相关关系，国内价值链并没有成功对接全球价值链。考虑到 SRIO 模型忽略生产技术异质性的特点，苏庆义（2016）利用 MRIO 模型测算了 2007 年 30 省市的出口中的增加值率，研究发现东部地区的增加值率偏低构成了中国制造低端俘获的关键所在。而进一步通过国内贸易流量的拆分，黎峰（2016）发现沿海地区的国家价值链参与度、国家价值链定位与国家价值链收益率均低于内陆地区，仅仅通过大规模整合初级资源进行输出的分工定位，无法真正带动国内产业的高端攀升。同样，利用模型推演和数值模拟，吴福象和蔡悦（2014）亦发现东部地区在全球价值链与国内价值链之间二传手功能的缺失，是导致东部产业过度集聚、中西部工业结构趋于瓦解困境的主要原因。

（2）市场分割

受制于财政分权和行政集权的双重体制，市场分割亦在成为国内价值链构建的重要挑战。

基于价格分析方法，Young（2000）率先对于国内市场分割现象进行了论证。利用 1986～1993 年的相关数据，他们发现各个地区的经济规模和产业结构存在收敛趋势，而商品价格与生产率却呈现出发散趋势。这意味着，地方政府为了自身利益，违背了市场配置规律，使得市场分割加剧。考虑到 Young（2000）采用的方法仅是针对商品价格简单的平均，忽略了各个地区地理条件、开放程度的潜在差异，桂琦寒（2006）采用 Parsley 和 Wei（1996，2001）的相对价格的方差进行了修正。基于 1985～2001 年的数据，国内商品市场整合程度在调整中逐步提高，不过，东部的价格方差波动显著超过了中西部。利用类似的方法，盛斌和毛其淋（2011）、邓明（2014）亦对国内市场整合做出了进一步的验证。他们发现，中国国内市场整合并非线性趋势，而是随着时间的推移呈现一定的波动。这意味着，不同的样本选择时期可能造成结论的巨大差异。

作为重要的“国际贸易之谜”（Obstfeld 和 Rogoff，2000），亦有学者借助边界效应进行分析。按照边界效应理论，边界内部的贸易应当远高于边界外部。通过美国各州与加拿大各省之间的贸易流量，Mccallum（1995）率先进行了经验论证。他发现加拿大各省之间的贸易量平均是各省与（相同规模和距离）美国各州贸易量的 22 倍，边界效应相当显著。借鉴这一范式，相关学者亦将其应用于国内不同省份之间的研究。利用各省投入产出表数据，Poncet（2003）研究发现中国在 1987 ~ 1997 年，国内市场一体化水平是下降的，反向衡量一体化水平的各省之间边界效应从 1987 年的 13 倍上升到 1997 年的 27 倍。利用 1997 ~ 2005 年的相关数据，赵永亮等（2008）发现，中国平均的边界效应由 1997 年的 25.28 倍上升到了 2005 年的 27.66 倍。不过，如果仅仅考察制造行业的数据，范剑勇和林云（2011）发现，中国平均的边界效应则要下降很多。这意味着，中国国内市场整合可能呈现出一定的部门偏向性。

值得注意的是，正如许统生和涂远芬（2010）研究指出，价格方法缺乏严格的理论基础；边界效应只是贸易成本的一部分，并不能完全反映贸易成本的大小。随着 Anderson 和 Van Wincoop（2003）、Novy（2006、2013）的开拓性贡献，基于一般均衡的事后反推成为测度市场整合方法的重要替代。根据双边贸易流量，事后反推的数据要求性相对偏低，先后成为中国对外贸易成本测度的重要范式（钱学锋和梁琦，2008；许统生，2011、2012、2013）。但受限于地区间的贸易数据相对缺失，基于事后反推的区际贸易成本测度相对鲜见。在仅有的两篇文献中，许统生等（2013）利用 2002 年与 2007 年各个省市的投入产出数据，基于多边层面分析了省际贸易成本。研究发现，与出口贸易成本类似，省际贸易成本不仅有所下降，行业的贸易成本同样呈现出了制造业最低的数值特点。而进一步考虑到双边互动，潘文卿和李跟强（2017）则利用 1997 ~ 2007 年区域间的投入产出表，刻画了不同地区之间的贸易成本变动。研究发现，尽管地区之间的贸易成本呈现先上升后下降的过程，但相较于观察期初，观察期末的贸易成本仍有上升，这意味着无论选用哪种方法，国内市场整合都不容乐观。不过，需要说明的是，虽然贸易成本有效弥补了价格方法与边界效应的不足，但是其测度方式却严格依赖于流量选择。受制于传统贸易口径的“虚假统计”，贸易成本能否反映价值链分工的真实特点仍待深究。

2.3 简要评述

作为全球最大的商品出口国，出口贸易对中国制造的影响受到国内外学者的广泛关注。当前，已有大量的文献基于计量回归或投入产出模型对中国对外贸易的出口利得进行经验研究，也有部分文献考虑国内价值链构建对于破除低端俘获的作用。但是，从大的方面来看，已有文献还存在以下有待改进之处：

首先，理解和认识不同地区的区际分工程度，需要客观测度不同地区的市场整合。尽管部分文献基于传统产值的贸易成本，克服了边界效应与价格指数的测算弊端，但在全球2/3以上的贸易集中于中间产品的背景下，忽略价值来源的测度可能高估了部分上游行业（区域）的贸易成本，这就使得不同行业、区域之间的分工整合难以得到有效刻画。其次，尽管不同于NVC的构想，多数经验分析认为区际分工难以有效推动中国制造的发展。不过，从研究视角上看，除张少军（2013）与苏庆义（2016）外，已有研究都未在一个开放的框架中进行讨论，这将导致区际分工对制造业出口转型升级的影响难以得到有效评估。并且，由于张少军（2013）的测度存在技术同质性假定的不足，苏庆义（2016）只考察了单个年份价值攀升的影响。因此，区际分工推动出口的转型升级仍是亟待检验的命题。再次，尽管立足增加值视角的研究有所涌现，但是此类文献主要聚焦于国家整体层面，这就使得区域层面的价值链分析相对鲜见。考虑到中国制造多是凭借低廉的组装成本对接全球分工，依然使用传统统计口径或中间投入指标将会面临重复计算的严峻挑战，这将导致不同地区制造业出口的国内增加值率变动、制造业服务化转型与环境成本难以得到有效测度。尽管作为为数不多的研究，张少军和李善同（2017）初步利用增加值贸易核算了出口对于经济增长的拉动作用，但受限于 SRIO 模型无法捕获国内价值链条的不足，现有经济增长的研究亟须 MRIO 模型完善。最后，尽管部分文献探讨了不同区域之间的增加值流动，但是未有文献进行变动因素的探讨。在国内市场仍然处于不断整合的背景下，进一步量化影响区际分工的推动或制约因素，对于如何有效利用国内价值链推动中国制造业出口的转型升级十分必要。

已有研究存在的不足也为本书指出了拓展方向。第一，通过将经济增长的需求动力拆分为本地需求、外地需求和出口需求，构造考虑国内价值链 MRIO 模型与忽略国内价值链 SRIO 模型的两种情形，识别了已有研究低估出口对经济增长贡献的根源，厘清了区域之间通过国内价值链条实现“先富带动后富”的发展格局，揭示了利用 MRIO 模型进行国内价值链研究的必要。第二，鉴于贸易成本已经构成影响区际分工整合的重要障碍，本书利用 1997 年、2002 年与 2007 年区域间投入产出表，借助多区域投入产出技术，基于增加值视角，测算发现了不同于以往研究的特征事实，补充和丰富了我们对于价值链分工下的区际市场整合认识。第三，本书在已有文献的基础上，利用 MRIO 模型，基于出口贸易总量，按照价值来源的不同，将国内价值链拆分为区域价值链与国内价值链。不仅在技术上克服了 SRIO 模型下技术同质性假定的不足，而且能直接捕获国内价值链分工对于制造业出口的影响。第四，本书系统测算了不同地区出口中的国内增加值率、服务化转型水平与环境成本。相较于单纯基于传统产值或中间投入的文献，我们不仅剔除了中间投入多次贸易往来下的虚假统计部分，同时立足多个维度，系统刻画了制造业出口中的转型升级进程。第五，本书利用 MRIO - SDA 量化分析了不同地区制造业出口中的国内增加值率变动的关联类型，利用指数分解刻画了增加值系数、产业关联以及出口规模对于低碳转型的影响程度，有效识别了国内价值链条推动出口转型升级的特点，弥补了已有文献对于影响机制分析的不足。

第 3 章

区际分工整合视角下出口需求对经济增长贡献的再测算

3.1 引言

在历时40年的改革开放中，通过东部地区的率先崛起，中国制造快速承接了来自全球生产网络的外部需求，缔造了备受瞩目的出口奇迹。不过，随着金融危机后国内经济增长的速度放缓，不少学者开始了对出口与经济增长关系的反思。这种反思主要体现在如下两个方面：一是沿海地区虽然实现了率先发展，但是沿海地区与内陆地区之间的收入差距却在逐渐扩大，这就导致了区域之间协调发展的目标难以实现（张少军，2013）；二是如果利用区际分工替代区际贸易，出口对经济增长的贡献比重甚至不及省际贸易的1/3（张少军和李善同，2017），中国经济迫切需要新的动力转换。

诚然，作为全球最大的发展中国家，不同区域在自然条件、资源禀赋和经济发展方面存在千差万别，决定了区际（省际）分工的利得十分巨大。但值得注意的是，区际分工并非完全服务于区际最终需求。一方面，在资源禀赋一定的条件下，中国的对外开放并非一蹴而就，而是基于国内价值链逐步实现的。通过内陆支持沿海、东部率先崛起的战略，沿海地区在快速承接来自发达国家产业转移的同时，间接引致了内陆地区的增加值出口，带动了内陆地区的经济增长。因而，诚如徐现祥和李郇（2012）研究指出，中国区际（省际）贸易一直存在“为外贸而内贸”的格局。另一方面，通过国内价值链条的延伸，沿海地区不仅可以有效整合内陆地区的资源服务于出口需求，而且可以增加生产过程的迂回性，促进出口活动的“技术溢出”，推动中国出口实现“由大到强”的转变。因而，无论是从现实基础还是发展需求来看，中国出口的发展都离不开区际分工。不过，稍显遗憾的是，已有文献中，立足经济增长进行的研究不仅十分少见，而且有的研究仅是借助SRIO模型进行刻画。而受制于SRIO模型难以追寻区际调出产品（服务）最终流向的不足，使得区际出口与区际（省际）贸易长期混淆、出口需求对经济增长的作用被低估、国内价值链的整合程度难以得到有效刻画。因此，立足区际分工视角，探讨出口需求对经济增长的贡献，明晰区际出口的特点与不足，是全面认识不均衡改革开放，推动新常态下贸易转型的重要前提。

有鉴于此，本章通过将 Wang 等（2017）的增加值核算模型扩展至区域之间，结合区域分工与区际分工两种类型网络，构造了更加符合中国现实情景的增加值出口分析框架，再次测度了出口需求对中国经济增长的贡献。相对于已有文献，本章试图在以下三个方面进行拓展：第一，首次对比了考虑区际分工、忽略区际分工情形下，出口需求对经济增长的贡献比重，较为客观地揭示了已有研究低估出口需求的原因。第二，通过测算区际分工整合下，出口需求对不同部门、区域的经济增长贡献，刻画了“不均衡改革开放”下“先富带动后富”的发展事实，纠正了 SRIO 模型下的认知偏差。第三，进一步结合国内价值链的供给、需求来源，揭示了当前区际分工整合的特点与不足，为进一步利用国内价值链协调区域发展提供切实参考。

3.2 模型介绍

按照是否考虑技术异质性的标准，基于投入产出的增长核算可以分为单区域投入产出与多区域投入产出两类。尽管从本质上来讲，两类模型都可将经济增长分为不同的需求引致，然而单区域的投入产出分析很难捕获区际分工对于价值创造的影响，使得人们对经济增长的认知存在很大的局限。这是因为，第一，单区域投入产出假定本地与外地的中间产品均采用同等生产技术，但对于地缘广阔而内部差异巨大的中国经济体而言，单区域投入产出显然背离了不同地区之间的技术异质性事实。第二，斯密定理指出，分工是经济增长的源泉。而中国地区之间的分工更是早在参与全球分工之前产生。对单个个体的分析，很难刻画不同区域之间的分工合作程度，无法揭示区际分工对于经济增长的重要意义。第三，中国国内贸易流动并非简单地满足地区发展，而是很大程度上来自“为出口而内贸”的发展动机（徐现祥和李郇，2012）。单区域投入产出仅将区际的贸易往来笼统地归为区际调出，忽略了最终产品出口流向，存在低估出口贡献力度的偏误。为此，本章在增加值核算模型中，引入国内价值链，力图更为客观地评估不同需求对于增加值创造的贡献程度。

3.2.1　不同需求引致的增加值创造

在投入产出框架下，存在着不同因素分解模型。按照最终需求引致的价值不同，我们可以将经济增长分解为本地需求引致、外地需求引致、出口需求引致的价值创造。继而，利用不同需求引致的价值创造与GDP之比，进行不同需求对经济增长贡献比重的测度。鉴于需求引致的价值创造构成了测算模型的基础，我们主要借鉴Wang等（2017）的研究范式进行阐述。

根据投入产出关系，国内某一地区的投入产出模型可以表示为：

$$\boldsymbol{X}=\boldsymbol{AX}+\boldsymbol{Y}+\boldsymbol{ERR} \tag{3-1}$$

其中，$\boldsymbol{X}$为总产出，$\boldsymbol{AX}$为中间投入，$\boldsymbol{Y}$为最终需求，$\boldsymbol{ERR}$为误差项。

此时，$\boldsymbol{X}$可以表示为完全需求矩阵与需求矩阵和误差项之和的乘积。

$$\boldsymbol{X}=(\boldsymbol{I}-\boldsymbol{A})^{-1}(\boldsymbol{Y}+\boldsymbol{ERR})=\boldsymbol{B}(\boldsymbol{Y}+\boldsymbol{ERR}) \tag{3-2}$$

由于增加值向量$\boldsymbol{VA}$可以表示为增加值系数$\boldsymbol{V}$与产出向量$\boldsymbol{X}$的乘积：

$$\boldsymbol{VA}=\boldsymbol{VX} \tag{3-3}$$

将（3-2）式代入（3-3）式，我们可以得到增加值和最终需求、误差项的关系：

$$\begin{aligned}\boldsymbol{VA}&=\boldsymbol{V}(\boldsymbol{I}-\boldsymbol{A})^{-1}(\boldsymbol{Y}+\boldsymbol{ERR})=\underbrace{\boldsymbol{V}(\boldsymbol{I}-\boldsymbol{A})^{-1}\boldsymbol{Y}}_{GDP}+\underbrace{\boldsymbol{V}(\boldsymbol{I}-\boldsymbol{A})^{-1}\boldsymbol{ERR}}_{\text{误差项}}\\&=\boldsymbol{VA}^{gdp}+\boldsymbol{VA}^{err}\end{aligned} \tag{3-4}$$

根据（3-4）式可知，增加值主要由最终需求$\boldsymbol{VA}^{gdp}$引致与误差项$\boldsymbol{VA}^{err}$引致组成。鉴于误差项引致并不创造真正的经济价值，我们主要利用$\boldsymbol{VA}^{gdp}$衡量经济增长。以$\boldsymbol{S}$地区的价值创造为例，根据类型的不同，我们可以将经济增长分解为不同需求引致部分累加之和。

$$VA^{gdp} = \underbrace{VA_{ss}}_{\text{本地需求引致}} + \underbrace{VA_{sm}}_{\text{外地需求引致}} + \underbrace{VA_{se}}_{\text{出口需求引致}} \tag{3-5}$$

其中，VA_{ss}、VA_{sm}、VA_{se}分别为本地需求引致的价值创造、外地需求引致的价值创造与出口需求引致的价值创造。

3.2.2 不同模型下核算差异

（1）SRIO 模型

根据表 3-1 的结果，可以发现，单区域投入产出表仅是单个区域中间产品（服务）与最终需求来往信息的反映。因而，相比多区域投入产出表，单区域投入产出具有如下局限：一是单区域投入产出表无法追寻区际调出产品（服务）的最终流向，仅将所有的区际贸易视为外地需求；二是由于单区域投入产出表不能涵盖其他地区对本地区中间产品需求的信息，因而其完全需求矩阵无法刻画其他区域的生产技术差异。以示区分，本章将单区域下的外地需求矩阵记为 NE，将完全需求矩阵记为 L。

表 3-1 单区域投入产出表

		中间需求	最终需求		误差项	总产出
		区域 s				
中间投入	区域 s	$A_{ss}X_s$	X_s	E_s	ERR_s	X_s
进口		IM_s				
增加值		VA_s				
总投入		X_s				

根据（3-5）式，此时 s 地区的 GDP 可以表示为：

$$Va_{s,srio}^{gdp} = V_s (I - A_{ss})^{-1}(Y_{ss} + NE_s + E_s) = V_s L_{ss}(Y_{ss} + NE_s + E_s)^{①} \tag{3-6}$$

$$= \underbrace{V_s L_{ss} Y_{ss}}_{\text{A. 本地需求}} + \underbrace{V_s L_{ss} NE_s}_{\text{B. 外地需求}} + \underbrace{V_s L_{ss} E_s}_{\text{C. 出口需求}}$$

① 需要说明的是，根据 Wang 等（2013）的数理化公式可知，单区域投入产出与多区域投入产出的里昂惕夫逆矩阵并不等同。为了以示区分，本书分别将其记为 L 与 B。

通过（3-6）式可以发现，由于 SRIO 模型很难刻画不同需求引致区际分工网络，本地需求与出口需求引致的增加值都被视为区域内部加工生产后简单用于满足最终需求的部分。以出口需求为例，此时出口需求引致的增加值部分仅可视为区域出口需求的近似，难以反映沿海地区在对接全球价值链过程中，通过区际分工引致的内陆地区的价值创造。

$$Va_{se} = V_s L_{ss} E_s \tag{3-7}$$

（2）MRIO 模型

与单区域投入产出表不同的是，多区域投入产出不仅包含 1 个地区的中间投入、最终需求往来信息（如表 3-2 所示），亦包括不同区域之间的中间投入、最终需求往来信息。因而，利用多区域投入产出模型，我们不仅可以追寻区际调出产品（服务）最终流向，亦能刻画不同区域之间的生产技术差异。为了便于阐述，我们假定国家内部仅存在三个不同区域 s、r 与 t。并将多区域投入产出模型下的完全需求矩阵记为 B。

表 3-2　多区域投入产出表

项目		中间需求			最终需求					总产出
		区域 s	区域 r	区域 t	区域 s	区域 r	区域 t	出口	误差项	
中间投入	区域 s	$A_{ss}X_s$	$A_{sr}X_r$	$A_{st}X_t$	Y_{ss}	Y_{sr}	Y_{st}	E_s	ERR_s	X_s
	区域 r	$A_{rs}X_s$	$A_{rr}X_r$	$A_{rt}X_t$	Y_{rs}	Y_{rr}	Y_{rt}	E_r	ERR_r	X_r
	区域 t	$A_{ts}X_s$	$A_{tr}X_r$	$A_{tt}X_t$	Y_{ts}	Y_{tr}	Y_{tt}	E_t	ERR_t	X_t
进口		IM_s	IM_r	IM_t						
增加值		VA_s	VA_r	VA_t						
总投入		X_s	X_r	X_t						

根据（3-5）式，此时地区 s 的 GDP 可以表示为：

$$\begin{aligned} Va^{gdp}_{s,mrio} &= V_s(I-A_{s*})^{-1}(Y+E) \\ &= V_sB_{ss}Y_{ss} + \sum_{r,t\neq s}^{3}(V_sB_{ss}Y_{sr} + V_sB_{sr}Y_{rs} + V_sB_{sr}Y_{rt} + V_sB_{sr}E_r) + \sum_{r\neq s}^{3}V_sB_{sr}E_r \\ &= \underbrace{V_sB_{ss}Y_{ss} + \sum_{r\neq s}^{3}V_sB_{sr}Y_{rs}}_{\text{A. 本地需求}} + \underbrace{\sum_{r\neq s}^{3}V_sB_{ss}Y_{sr} + \sum_{t\neq s}^{3}V_sB_{sr}Y_{rt}}_{\text{B. 外地需求}} + \underbrace{V_sB_{ss}E_s + \sum_{r\neq s}^{3}V_sB_{sr}E_r}_{\text{C. 出口需求}} \end{aligned} \tag{3-8}$$

通过（3－8）式可以发现，由于 MRIO 模型包含区域间中间投入消耗信息，此时本地需求与外地需求引致的增加值规模，都能有效涵盖区际分工网络下的价值创造路径。以出口需求作为本章重点关注对象。此时，s 地区通过出口需求实现的价值增值主要通过本地出口需求 $V_sB_{ss}E_s$ 与区际出口需求 $\sum_{r\neq s}^{3}V_sB_{sr}E_r$ 实现。根据价值创造路径的不同，区域出口 $V_sB_{ss}E_s$ 可以看作 s 地区通过满足本地出口需求，实现的价值创造；区际出口 $\sum_{r\neq s}^{3}V_sB_{sr}E_r$ 可以看作 s 地区通过满足其他地区出口需求，实现的价值创造。

$$VA_{se}=\underbrace{V_sB_{ss}E_s}_{\text{区域出口}}+\underbrace{\sum_{r\neq s}^{3}V_sB_{sr}E_r}_{\text{区际出口}} \tag{3-9}$$

（3）国内价值链与测算偏差

对比（3－8）式和（3－6）式，可以发现由于 SRIO 模型无法反映区域之间的分工往来，这一偏误将会极大地高估外地需求引致的价值创造。

用一个假设的简单例子来说明两国贸易内涵排放与转移排放的差别。假设区域 s 生产铁矿石，区域 r 生产摩托车。在生产过程中，由于距海较远，区域 s 的铁矿石只能用于满足本地市场或外地市场需求，不能直接出口。但是，区域 r 的摩托车生产过程需要使用来自区域 s 的铁矿石，并且区域 r 生产的摩托车部分用于满足区域 r 的内部需求，部分用于满足区域 r 的出口需求。由于无法追寻区域 s 的铁矿石在调入 r 地之后的最终流向，SRIO 模型将会单纯地认为区域 s 的铁矿石都是用于满足区域 r 的最终需求。事实上，除去部分满足区域 r 的市场需求外，区域 s 的铁矿石部分满足本地市场需求，部分满足了出口市场需求。这意味着，相比 SRIO 模型，MRIO 模型更能反映不同需求引致的经济增长。

同样在本章的理论模型中，我们亦可对此进行刻画。考虑到 SRIO 模型的偏误主要在于将部分本地需求、出口需求引致的增加值归划为外地需求，从而高估了外地需求引致的增加值出口规模，低估了本地需求与出口需求引致的价值创造。本章仅对两类模型下的本地需求、出口需求引致部分进行对比。此时，

$$
\begin{aligned}
VA_{ss}^{mrio} - VA_{ss}^{srio} &= V_s B_{ss} Y_{ss} + \sum_{r \neq s}^{3} V_s B_{sr} Y_{rs} - V_s L_{ss} Y_{ss} \\
&= \underbrace{\sum_{r \neq s} V_s L_{ss} A_{sr} B_{rs} Y_{ss}}_{DS1} + \underbrace{\sum_{r \neq s}^{3} V_s B_{sr} Y_{rs}}_{DS2}
\end{aligned} \tag{3-10}
$$

$$
\begin{aligned}
VA_{se}^{mrio} - VA_{se}^{srio} &= V_s B_{ss} E_s + \sum_{r \neq s}^{3} V_s B_{sr} E_r - V_s L_{ss} E_s \\
&= \underbrace{\sum_{r \neq s} V_s L_{ss} A_{sr} B_{rs} E_s}_{DE1} + \underbrace{\sum_{r \neq s}^{3} V_s B_{sr} E_r}_{DE2}
\end{aligned} \tag{3-11}
$$

根据（3-10）式与（3-11）式，可以发现，相比MRIO模型，SRIO模型的低估主要体现在如下部分：一是通过区际贸易之后，再次被用作中间投入，用于满足 s 本地需求（$DS1 = \sum_{r \neq s} V_s L_{ss} A_{sr} B_{rs} Y_{ss}$）或出口需求（$DE1 = \sum_{r \neq s} V_s L_{ss} A_{sr} B_{rs} E_s$）的部分；二是通过区际贸易，被调入地当作中间品并被用于满足外地需求（$DS2 = \sum_{r \neq s}^{3} V_s B_{sr} Y_{rs}$）或出口需求（$DE2 = \sum_{r \neq s}^{3} V_s B_{sr} E_r$）部分。由于SRIO模型不能追寻区际调出产品（服务）的最终流向，仅是将其归为外地需求，因此，相比MRIO模型，SRIO模型可能存在高估外地需求引致的增加值规模，低估本地需求与出口需求引致规模的偏误。

不过，值得注意的是，尽管SRIO模型测算可能存在低估偏误，但这种低估可能针对不同的需求有所差异。这是因为，一方面，相比（3-10）或（3-11）式中的DS2、DE2部分，DS1部分和DE1的数值规模可能更低。由于完全需求矩阵 L_{ss} 、直接消耗系数矩阵 A_{sr} 的数值范围都在0~1之间，因而，受 $L_{ss}A_{sr}$ 的影响，DS2、DE2构成了不同模型测算差异的主要原因。另一方面，对比DS2与DE2，可以发现，二者的差异主要取决于需求规模 $\sum_{r \neq s} Y_{rs}$ 与 $\sum_{r \neq s} E_r$ 。由于 $\sum_{r \neq s} Y_{rs}$ 代表所有地区满足某一特定地区的需求的加总，$\sum_{r \neq s} E_r$ 代表除某一特定地区之外的出口需求加总，进一步地利用区域间投入产出数据进行对比，我们发现 1997 ~2007 年 $\sum_{r \neq s} Y_{rs} / \sum_{r \neq s} E_r$ 大致在 4.08% ~6.56%。这意味着，SRIO 模型的低估主要来自出口中的国内价值链 $\sum_{r \neq s}^{3} V_s B_{sr} E_r$ 部分。因此，受制于 SRIO 模型忽略国内价值链的偏误，我们有必要利用 MRIO 模型，再次评估出口需求对经济增长的贡献比重。

在测算经济增长贡献比重时，我们遵循李善同和张少军（2017）的做法，利用需求引致的增加值与 GDP 之比进行衡量。以 s 地区的出口需求贡献比重 PE_s 为例，

$$PE_s = VA_{se} / VA_s^{GDP} \tag{3-12}$$

其余与之类似，本章不再赘述。

3.3 中国经济增长因素的再分解

3.3.1 中国经济增长的贡献来源测度——基于国家视角

（1）不同需求对于中国经济增长的贡献

根据上文所述的测算方法，本部分首先测算了 1997 ~2007 年不同需求引致的增加值与贡献率情况，所得结果如表 3 -3 所示。

表 3 -3　不同模型设定下的增加值构成分布　（单位:%）

年份	模型	本地	外地	出口
1997	SRIO	63.09	23.70	13.21
	MRIO	63.84	18.96	17.19
2002	SRIO	66.45	18.95	14.60
	MRIO	66.87	16.02	17.11
2007	SRIO	50.55	31.73	17.71
	MRIO	51.58	24.66	23.75

如果使用SRIO模型进行测算，将会发现，1997~2007年，本地需求对经济增长的贡献比重先由观察期初的63.09%升至66.45%，而后迅速降至50.55%；外地需求对经济增长的贡献比重先由观察期初的23.70%降至18.95%，而后迅速升至31.73%；出口需求对经济增长的贡献比重先由13.21%升至14.60%，而后迅速升至17.71%。这表明，一方面，随着加入WTO之后出口规模的快速增长，为了满足快速膨胀的出口需求，中国国内分工更多地借助区际贸易进行生产协作（徐现祥和李郇，2011），从而推动了外地需求和出口需求贡献比重的同步提升；另一方面，与张少军和李善同（2017）的研究结果类似，尽管出口需求贡献比重的涨幅较为明显，但相比其他需求类型，出口需求对经济增长的贡献比重明显偏弱。

如果使用MRIO模型进行测算，这一情况则有所逆转。1997~2007年，本地需求对经济增长的贡献比重先由观察期初的63.84%升至66.87%，而后迅速降至51.58%；外地需求对经济增长的贡献比重先由观察期初的18.96%降至16.02%，而后迅速升至24.66%；出口需求对经济增长的贡献比重先由17.19%降至17.11%，而后迅速升至23.75%。这表明，尽管与SRIO模型类似，本地需求仍是拉动经济增长的首要动力，但是SRIO模型却严重低估了出口需求的贡献比重。具体而言，这种偏估主要体现在如下两点：一方面，整个观察期内，出口需求与对外需求对经济增长的贡献比重差额仅在1%左右。尤其是在2002年，出口需求对经济增长的贡献比重甚至超过外地需求，成为推动经济增长的次要动力。另一方面，尽管SRIO模型误将部分本地需求、出口需求归为外地需求，但是这种测算偏差并不一致。1997~2007年，不同模型下本地需求对经济增长贡献比重的差额大致在0.42%~1.03%之间，对出口需求贡献比重的差异却在2.51%~6.04%之间。这表明，相比本地需求，出口需求遭受的偏估可能更为严重。

（2）测算偏误来源

对比以上两种测算，可以发现相较于MRIO模型，SRIO模型低估了出口需求的贡献比重、高估了外地需求的贡献比重。并且，这种偏估主要集中于出口需求方面。根据前文的分析，SRIO模型对于出口引致增加值的偏估主要包括返回到本地出口的部分与区际出口部分。因而，我们进一步测算了 SRIO 模型未能刻画的增加值出口部分。结果显示，1997 年、2002 年与 2007 年，SRIO 模型分别低估了 3.98%、2.51%、6.04% 的出口贡献比重。其中，返回到本地的出口需求对经济增长的贡献比重为 0.14%、0.07%、0.22%，区际出口对经济增长的贡献比重为 3.84%、2.44% 与 5.82%。相比返回到本地的出口需求，区际出口需求遭受的低估更为严重。这意味着，与理论模型的预期一致，SRIO 模型对于出口需求的低估主要来自忽略区际出口（见图 3-1）。

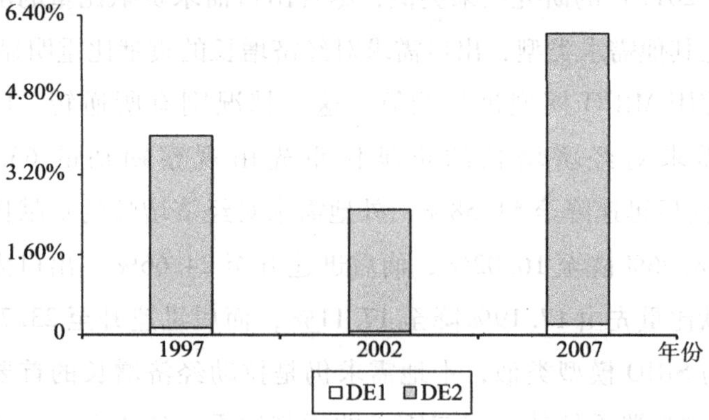

图 3-1　不同模型下出口需求对经济增长贡献比重的测算差异

3.3.2　分区域的测算

鉴于忽略区际出口的弊端构成了 SRIO 模型测算偏误的主要来源，本章有必要基于不同模型、不同出口类型进行贡献比重的再次测度。考虑到我国不仅地域广阔，而且不同部门之间的发展亦有较大差异，本部分进一步结合区域和部门维度，进行两种模型设定下出口需求对经济增长贡献比重的评估，更加全面地刻画区际分工网络下，出口需求拉动经济增长的特点。

表 3-4 的结果显示，如果利用 SRIO 模型测算，将会发现，出口需求对经济增长的贡献主要偏向沿海地区。1997 年、2002 年与 2007 年，出口

对沿海地区经济增长的贡献比重分别为20.68%、23.17%与25.47%，出口对内陆地区经济增长的贡献比重分别为4.88%、4.80%与7.21%。相比沿海地区，出口需求对内陆地区经济增长的贡献比重十分微弱。尤其是在东南沿海与内陆地区之间，这一差距尤为明显。1997～2007年，出口对东部沿海和南部沿海经济增长的贡献比重长期位居20%以上，对中部地区和西南地区经济增长的贡献比重却在5%以下。由于东南沿海濒临海洋，中部地区与西南地区深处内陆，因而相较于东南沿海，内陆地区难以有效利用出口需求拉动经济增长。并且，进一步结合变动趋势来看，出口对沿海地区经济增长的偏向性特点可能更为明显。1997～2007年，出口对沿海地区经济增长的贡献比重提升了4.80%，对内陆地区经济增长的贡献比重提升了2.33%。尤其是在东部沿海与其他内陆地区之间，1997～2007年，出口需求对东部沿海经济增长贡献比重提升了12.18%，对东北地区、中部地区与西南地区经济增长贡献比重的提升却在2%以下。这意味着，随着时间的推移，沿海与内陆之间利用出口需求拉动经济增长的差异不断扩大，更多的对外开放收益仍由沿海地区所获得。

表3-4　不同模型下出口对经济增长的贡献率（区域视角）　（单位:%）

区域	模型	1997年			2002年			2007年		
		出口	区域出口	区际出口	出口	区域出口	区际出口	出口	区域出口	区际出口
沿海	SRIO	20.68	NA	NA	23.17	NA	NA	25.47	NA	NA
	MRIO	24.53	20.91	3.62	25.33	23.29	2.04	29.80	25.80	4.00
京津	SRIO	19.03	NA	NA	17.77	NA	NA	19.26	NA	NA
	MRIO	22.41	19.08	3.33	19.97	17.86	2.11	24.56	19.50	5.06
北部	SRIO	8.50	NA	NA	12.28	NA	NA	13.71	NA	NA
	MRIO	14.29	8.60	5.69	15.05	12.36	2.69	20.13	13.94	6.19
东部	SRIO	20.99	NA	NA	23.49	NA	NA	33.17	NA	NA
	MRIO	24.73	21.32	3.41	25.63	23.60	2.03	36.20	33.54	2.66
南部	SRIO	32.98	NA	NA	31.05	NA	NA	27.53	NA	NA
	MRIO	35.12	33.27	1.85	32.82	31.20	1.62	31.44	27.90	3.54

续表

区域	模型	1997年			2002年			2007年		
		出口	区域出口	区际出口	出口	区域出口	区际出口	出口	区域出口	区际出口
内陆	SRIO	4.88	NA	NA	4.80	NA	NA	7.21	NA	NA
	MRIO	9.00	4.91	4.09	7.71	4.81	2.90	15.57	7.28	8.29
东北	SRIO	10.71	NA	NA	9.04	NA	NA	10.49	NA	NA
	MRIO	13.34	10.76	2.58	11.17	9.06	2.11	18.34	10.56	7.78
中部	SRIO	3.29	NA	NA	3.39	NA	NA	4.66	NA	NA
	MRIO	8.71	3.34	5.37	6.99	3.41	3.58	13.57	4.75	8.82
西北	SRIO	4.67	NA	NA	4.03	NA	NA	11.61	NA	NA
	MRIO	8.33	4.69	3.64	6.81	4.04	2.77	22.22	11.71	10.51
西南	SRIO	3.49	NA	NA	3.88	NA	NA	4.85	NA	NA
	MRIO	6.56	3.50	3.06	6.41	3.89	2.52	10.81	4.89	5.92

注："NA"代表不可计算。

不过，如果利用MRIO模型，以上特点可能并不成立。一方面，就数值而言，1997~2007年，出口对沿海地区、内陆地区经济增长的贡献比重分别为24.53%~29.80%与7.71%~15.57%。尽管与SRIO模型类似，出口需求依然偏向于沿海地区，但就数值大小来看，MRIO模型下，出口对经济增长的贡献比重明显高于SRIO模型。尤其是在内陆地区，这一差异更为凸显。以2007年为例，不同模型测算下，出口需求对东北地区、中部地区与西北地区的测度结果均在8%之上，但对京津地区、东部沿海与南部沿海差额却在6%以下。这意味着SRIO模型主要低估了内陆地区通过出口需求拉动经济增长的能力。另一方面，就变动来看，出口对内陆地区经济增长贡献比重的提升同样面临较为严重的低估。1997~2007年，出口对沿海地区经济增长的贡献比重提升了5.27%，对内陆地区经济增长的贡献比重提升了6.57%。相比沿海地区，内陆地区通过出口推动经济增长能力提升更为明显。这意味着，随着改革开放的推进，内陆地区亦在有效利用这一契机，不断缩小与沿海地区之间利用出口需求拉动经济增长的差距。

对于以上差异，可能的原因仍然来自SRIO模型的测算局限。一方面，由于SRIO模型难以捕获区际分工，其测度结果仅能作为区域出口对经济增长贡献比重的近似反映。如同表3-4的结果所示，在MRIO模型下，1997~2007年，区域出口对沿海地区、内陆地区经济增长的贡献比重分别为20.91%~25.80%与4.81%~7.28%，区际出口对沿海地区、内陆地区经济增长的贡献比重分别为2.04%~4.00%与2.90%~8.29%。结合SRIO模型的测算结果，可以发现无论是在哪一年份，MRIO模型下区域出口对经济增长的贡献比重都与SRIO模型下出口对经济增长的贡献比重十分接近。不过，由于出口活动不仅可以通过本地区直接完成，亦可借助区际分工网络，通过为其他地区提供中间投入的形式实现。因而，SRIO模型的低估并不在意料之外。另一方面，伴随着区际分工网络的发展，SRIO模型的测度偏误将被不断放大。根据表3-4的结果，可以发现，1997~2007年，区域出口、区际出口对沿海地区经济增长的贡献比重分别为4.88%与0.39%，对内陆地区经济增长的贡献比重分别为2.37%与4.20%。这表明，无论是从规模还是变动来看，沿海地区都是偏向于区域出口、内陆地区都是偏向区际出口。由于早期的工业基础薄弱，全方位的对外开放并不现实，早期的对外开放主要选择了对外贸易成本较低的沿海地区进行试点。但是，作为改革开放的前沿阵地，沿海地区的资源却是相对贫乏。因此，沿海地区的出口生产，需要借助内陆地区相对低廉的原材料或半成品来实现。这就使得，随着改革开放的深化，沿海地区更多地专注于区域出口、内陆地区则更多地为其他地区提供中间投入；沿海地区在承接外部需求的同时，亦能借助区际分工网络带动内陆地区的发展，从而有效推进了“先富带动后富”历史使命的完成。因此，单纯借助于SRIO模型的测度不仅低估了出口对不同区域经济增长的贡献，亦会忽视区际分工体系的蔓延，容易形成对“不均衡式改革开放”战略的误判。

3.3.3　分部门的测算

表3-5的结果显示，如果利用SRIO模型测算，将会发现，出口需求对经济增长的贡献主要偏向制造部门。就数值而言，1997年、2002年与2007年，出口对初级产品经济增长的贡献比率分别为7.67%、10.11%与

12.65%，对制造业经济增长的贡献比率分别为18.97%、25.47%与26.90%，对其他行业经济增长的贡献率分别为4.85%、5.81%与7.75%，对服务业经济增长的贡献率分别为14.07%、9.81%与12.70%。相比制造业，出口需求对初级产品、其他行业与服务业经济增长的贡献比重十分微弱。尤其是在制造业与其他行业之间，这一差距尤为明显。1997~2007年，出口对部门S04和部门S12经济增长的贡献比重多在40%以上，对部门S15经济增长的贡献比重却在1%左右。由于制造业的贸易成本较低，建筑业的贸易成本较高，因而相较于制造业，贸易成本较高的行业很难利用出口需求带动部门的经济增长。并且，进一步结合变动趋势来看，出口需求对制造业经济增长的带动作用更为凸显。1997~2007年，出口需求对初级产品、其他行业经济增长的贡献比重分别提升了4.98%、7.93%与2.90%，对服务业经济增长的贡献比重下降了1.38%。相比制造业，出口需求对初级产品、其他行业与服务业经济增长贡献比重的提升十分缓慢。这意味着，随着时间的推移，出口对不同行业经济增长的作用分化不仅未有收敛，反而不断发散。

表3-5　不同模型下出口对经济增长的贡献率（部门视角）　（单位:%）

部门	模型	1997年			2002年			2007年		
		出口	区域出口	区际出口	出口	区域出口	区际出口	出口	区域出口	区际出口
初级产品	SRIO	7.67	NA	NA	10.11	NA	NA	12.65	NA	NA
	MRIO	11.47	7.68	3.79	13.38	10.29	3.10	22.81	13.11	9.70
S01	SRIO	6.63	NA	NA	9.97	NA	NA	11.99	NA	NA
	MRIO	8.39	6.68	1.71	11.80	10.00	1.80	16.93	12.09	4.84
S02	SRIO	10.58	NA	NA	10.96	NA	NA	14.63	NA	NA
	MRIO	21.14	10.84	10.30	18.03	11.12	6.91	33.32	14.95	18.37
制造业	SRIO	18.97	NA	NA	25.47	NA	NA	26.90	NA	NA
	MRIO	23.91	18.89	5.02	29.49	25.88	3.61	35.27	27.88	7.38
S03	SRIO	7.91	NA	NA	11.38	NA	NA	11.58	NA	NA
	MRIO	9.71	7.96	1.75	13.23	11.42	1.81	15.12	11.66	3.46

续表

部门	模型	1997年			2002年			2007年		
		出口	区域出口	区际出口	出口	区域出口	区际出口	出口	区域出口	区际出口
S04	SRIO	44.33	NA	NA	54.49	NA	NA	46.10	NA	NA
	MRIO	49.56	44.52	5.04	58.03	54.58	3.45	53.31	46.43	6.88
S05	SRIO	14.45	NA	NA	22.10	NA	NA	26.59	NA	NA
	MRIO	19.43	14.57	4.86	24.73	22.17	2.56	34.13	26.82	7.31
S06	SRIO	24.18	NA	NA	25.35	NA	NA	29.14	NA	NA
	MRIO	28.68	24.37	4.31	31.40	25.51	5.89	37.10	29.60	7.50
S07	SRIO	18.90	NA	NA	22.07	NA	NA	27.73	NA	NA
	MRIO	27.75	19.27	8.48	27.26	22.26	5.00	38.85	28.24	10.61
S08	SRIO	7.77	NA	NA	11.77	NA	NA	15.88	NA	NA
	MRIO	10.99	7.85	3.14	13.12	11.80	1.32	21.38	16.03	5.35
S09	SRIO	14.13	NA	NA	16.53	NA	NA	23.13	NA	NA
	MRIO	22.10	14.39	7.71	21.53	16.64	4.89	35.57	23.49	12.08
S10	SRIO	9.79	NA	NA	17.91	NA	NA	18.50	NA	NA
	MRIO	12.98	9.92	3.06	20.15	17.98	2.17	22.84	18.87	3.97
S11	SRIO	10.86	NA	NA	16.89	NA	NA	25.71	NA	NA
	MRIO	13.76	11.02	2.74	20.64	17.03	3.61	31.44	25.91	5.53
S12	SRIO	29.08	NA	NA	46.11	NA	NA	47.62	NA	NA
	MRIO	32.95	29.28	3.67	49.98	46.24	3.74	52.90	47.87	5.03
S13	SRIO	24.04	NA	NA	35.58	NA	NA	35.57	NA	NA
	MRIO	30.25	24.30	5.95	38.24	35.70	2.54	42.74	36.03	6.71
其他部门	SRIO	4.85	NA	NA	5.81	NA	NA	7.75	NA	NA
	MRIO	6.88	4.90	1.99	7.44	5.89	1.56	11.90	7.96	3.93
S14	SRIO	12.74	NA	NA	12.90	NA	NA	15.66	NA	NA
	MRIO	18.73	12.96	5.77	16.61	12.99	3.62	24.20	15.92	8.28
S15	SRIO	1.16	NA	NA	0.91	NA	NA	1.26	NA	NA
	MRIO	1.41	1.17	0.24	1.02	0.91	0.11	1.56	1.27	0.29
服务业	SRIO	14.07	NA	NA	9.81	NA	NA	12.70	NA	NA
	MRIO	17.26	14.06	3.21	11.36	9.91	1.45	16.31	12.99	3.32

续表

部门	模型	1997年			2002年			2007年		
		出口	区域出口	区际出口	出口	区域出口	区际出口	出口	区域出口	区际出口
S16	SRIO	18.52	NA	NA	18.60	NA	NA	21.55	NA	NA
	MRIO	23.80	18.73	5.07	21.37	18.68	2.69	27.48	21.80	5.68
S17	SRIO	10.96	NA	NA	5.95	NA	NA	9.07	NA	NA
	MRIO	13.04	11.04	2.00	6.87	5.98	0.89	11.49	9.19	2.30

注："NA"代表不可计算。

不过，如果利用MRIO模型，将会发现与之不同的特点。一方面，就数值而言，1997~2007年，出口对初级产品、制造业、其他部门与服务业经济增长的贡献比重分别为11.47%~22.81%、23.91%~35.27%、6.88%~11.90%与11.36%~17.26%。尽管与SRIO模型类似，出口需求带动制造业经济增长的贡献比重依然偏高，但就数值大小来看，MRIO模型下，出口对经济增长的贡献比重明显高于SRIO模型。尤其是对初级产品而言，这一差异更为凸显。以2007年为例，MRIO模型下，出口需求对部门S02经济增长的贡献比重高于SRIO模型10%以上，而对制造业、其他部门与服务业的差异却多在5%以内。这意味着SRIO模型主要低估了初级产品部门通过出口需求拉动经济增长的能力。另一方面，就变动趋势来看，出口对初级产品经济增长贡献比重的提升同样面临较为严重的低估。1997~2007年，出口对初级产品、制造业与其他部门经济增长的贡献比重分别提升了11.34%、11.35%与5.01%，对服务业经济增长的贡献比重下降了0.95%。尽管制造业的领先优势依然明显，但就提升程度来看，初级产品与制造业的变动并无明显差别。尤其是在2002~2007年，出口对初级产品经济增长的贡献甚至高达9.43%，对制造业部门经济增长的贡献率仅有5.77%。这表明，随着改革开放的推进，初级产品部门亦在不断缩小与制造业部门之间利用出口需求拉动经济增长的差距。

对于以上差异，可能的原因同样来自忽略国内价值链的偏误。通过对出口类型的区分，可以发现，1997~2007年，区域出口对初级产品、制造业、其他部门与服务业经济增长的贡献比重分别为7.68%~13.11%、

18.89%~27.88%、4.90%~7.96%与9.91%~14.06%，区际出口对初级产品、制造业、其他部门与服务业经济增长的贡献比重分别为3.10%~9.70%、3.61%~7.38%、1.56%~3.93%、1.45%~3.32%。进一步地结合SRIO模型的测度结果，可以发现SRIO模型的测度结果与区域出口的贡献比重十分接近。无论是在哪一年份或部门，二者的结果差异都在1%之内。这意味着，与总体、区域的结果类似，受限于SRIO模型无法捕获区际分工网络的弊端，其测度结果仅能作为区域出口引致经济增长贡献比重的近似。并且，伴随着区际分工网络的发展，SRIO模型的测度偏误将被不断放大。根据表3-5的结果，可以发现，1997~2007年，区域出口对初级产品、制造业与其他部门经济增长的贡献比重分别提升了5.43%、8.99%与3.06%，区域出口对服务业经济增长的贡献比重下降了1.06%；区际出口对初级产品、制造业、其他部门与服务业经济增长的贡献比重分别提升了5.91%、2.36%、1.95%与0.11%。这表明，在推动经济增长的过程中，初级产品更多地偏好于区域出口，制造业则更加偏好于区际出口。由于制造业的可贸易性高，中国对外开放主要通过对接全球价值链的组装加工环节进行。这就使得，相比其他行业，制造业拥有更多从事国际分工的经验优势。但是，由于加工组装需要消耗一定的初级产品，沿海地区需要借助内陆地区的资源的进行生产。因而，随着中国对接全球价值链条的深化，可贸易性较差的初级产品仍可通过为其他地区提供中间投入的形式参与全球分工，分享出口获利。因此，如果单纯基于SRIO模型进行测度，不仅会低估出口对经济增长的贡献程度，亦会忽略下游行业对上游部门的拉动作用，致使制造业带动其他行业经济增长的链条难以得到有效刻画。

3.4　本章小结

尽管出口对于经济增长贡献的研究由来已久，但受制于投入产出技术，现有研究普遍忽略了区际出口这一重要传递渠道。理解和认识出口需求对于经济增长的拉动作用离不开区际出口，这是因为中国的对外开放并非一蹴而就，而是很大程度上建立在内陆支撑沿海的产业体系之上推进和实现的。因此，单纯基于SRIO模型的研究不仅难以刻画区际分工推动的国内价值链，同样容易低估“不均衡式改革开放”对中国经济增长的贡献。为了更加合理地阐释40年改革开放对中国经济增长的意义，本章利用兼顾区际分工与技术异质性的MRIO模型，充分考虑了区际出口这一现实情景，进行出口需求贡献率的再次测算。结果显示：

①如果使用SRIO模型，将会发现，1997~2007年，本地需求、外地需求与出口需求对经济增长的贡献比重分别为49.67%~65.88%、19.64%~32.92%与13.37%~14.47%。相比本地需求与外地需求，出口对经济增长的贡献率十分微弱。不过，如果使用MRIO模型，将会发现，1997~2007年，本地需求、外地需求与出口需求对经济增长的贡献率分别为51.58%~63.84%、16.02%~24.66%与17.11%~23.75%。尽管出口需求的贡献比重弱于本地需求，但是出口需求却在某些年份超过外地需求，成为推动经济增长的次要来源。这意味着相较于MRIO模型，SRIO模型的低估主要体现在出口需求方面。通过进一步地测算SRIO模型未能追寻的增加值最终流向部分，本章发现返回本地的出口对经济增长贡献比重为0.07%~0.22%，区际出口对经济增长的贡献比重却在2.51%~6.04%之间。这意味着，忽略区际出口构成了SRIO模型测算偏误的主要来源。

②按照部门和区域类型区分，本章进一步考察了SRIO模型与MRIO模型下的测算差异。在部门层面，如果使用SRIO模型，将会发现，无论是就数值还是变动来看，出口对制造业部门经济增长的贡献率都远远高于其他部门；如果使用MRIO模型，将会发现，尽管出口对制造业部门的经济增长贡献率偏高，但是随着时间的推进，出口需求引致不同部门间经济增长的差距正在缩减。在区域层面，如果使用SRIO模型，将会发现，无论是就数值还是变动来看，出口对沿海地区经济增长的贡献率都是最高的；如果使用MRIO模型，将会发现，尽管出口对制造业部门的经济增长贡献率偏高，但是随着时间的推进，出口对内陆地区经济增长贡献比重的提升

已经超越沿海地区。由于SRIO模型忽略了区际出口，这将导致制造部门、沿海地区率先开放对上游行业、内陆地区经济增长的拉动难以得到有效刻画。这意味着，单纯地使用SRIO模型，将会导致对“不均衡改革开放”战略的误判。

第 4 章

增加值贸易视角下中国区际贸易成本的测算与分解

4.1　引言

理解和认识国内贸易格局，不能忽略各个区域的贸易成本差异。这是因为，作为打开所有其他开放宏观经济学之谜的钥匙（Obstfeld 和 Rogoff，2000），随着贸易理论与实践的不断发展，贸易成本已成为新贸易理论（Krugman，1980）、新经济地理学（Fujita 等，1999）和异质性贸易理论（Meltiz，2003）的核心概念之一，在国际贸易格局分析乃至全球价值链分工中开始扮演着越来越重要的角色（鞠建东和余心玎，2014）。根据价值链理论可知，社会分工都是按照成本最小化的原则进行。分工成本主要包括生产成本与贸易成本两大部分。其中，前者是指在商品生产过程中所产生的一切损耗，主要取决于长期的技术积累；后者则是除了商品的生产成本之外，为获得商品所必须支付的所有成本，主要受制于流通壁垒。在短期之内，由于地区的生产成本相对不变，分工成本主要取决于贸易成本。因此，客观测度不同地区的贸易成本，是全面认识和理解不同地区的分工偏好，推动国内市场整合的重要前提。

在贸易成本的测度方面，尽管国内外学者进行了较为有益的拓展，但受制于研究视角，现有的成本测度可能很难反映价值链分工下的真实贸易成本。这是因为，已有的研究多在 Novy（2013）引力模型的基础之上，借助贸易流量进行事后反推，不过随着全球价值链的发展，传统统计口径正在面临“虚假统计”与“第三方效应”的挑战。一方面，在全球价值链下，商品的生产不再完全由某一国家（行业）独占，而是按照成本最小化的原则分散于各个国家（行业）之中。随着中间产品的多次穿越国境，价值链中的增加值部分将被多次重复统计于海关口径。并且，这种贸易中的放大效应（虚假统计）往往更多地被累计、放大于下游国家（地区）的出口之中。犹如大而不强的中国制造，如果基于出口总额进行测算，中国甚至呈现出了赶超欧美的发展特点（Rodrik，2006），然而一旦剔除国外增加值投入，中国出口获益将会十分有限（刘遵义等，2007）。与之类似的是，如果上游国家（地区）削减对外贸易壁垒，即使下游国家（地区）的对外贸易壁垒保持不变，但得益于贸易中的放大效应，下游国家（地区）的出口总额亦会上涨。在此情形下，基于传统贸易的测度方式将会夸大下游国家（地区）的贸易成本下降程度。另一方面，伴随着全球价值链的蔓延，即使并未发生直接贸易往来的两个地区（行业），亦可通过向第三方区域（行业）提供中间品的渠道，实现分工协作。但受制于传统贸易口径无法追寻价值来源的特点，所有的贸易流量都划归于直接出口（进口）的部门。如果单纯地基于传统贸易进行贸易成本的测算，这将在很大程度上低估上游区域（行业）的价值创造，错估不同区域（行业）的增加值流入、流出。尤其需要注意的是，一旦双边贸易呈现零值情形，由于分母为0，此时的贸易成本将无法计算。在此情景下，无论是按照“先国家（区域）后行业”还是“先行业后国家（区域）”的顺序进行处理，总体的平均数值都不再唯一（胡宗彪和王恕立，2013；潘文卿和李跟强，2017）。因而，伴随着全球价值链的不断深化，传统贸易很难有效测度一国（地区）的贸易成本变动水平。

鉴于此，本章试图将Novy（2013）的测算模型扩展于增加值贸易视角，利用1997年、2002年与2007年中国八大区域间投入产出表与全球投入产出数据（World Input Output Database，WIOD），测算对比传统贸易与增加值贸易下的贸易成本差异，刻画价值链分工下的特征事实，并通过双边分解明晰区际市场整合的制约与增长点，为今后中国在深度参与价值链分工过程中，如何加快国内市场整合，降低贸易壁垒，提供切实有效的政策思路。

4.2 模型方法

作为贸易成本的主要测度范式，Novy（2013）通过扩展的引力模型，将双边贸易成本表示为贸易流量的替代形式：

$$\tau_{rs} = \left(\frac{tc_{rs}tc_{sr}}{tc_{rr}tc_{ss}}\right)^{1/2} - 1 = \left(\frac{T_{rr}T_{ss}}{T_{rs}T_{sr}}\right)^{1/2(\sigma-1)} - 1 \tag{4-1}$$

其中，τ_{rs} 代表双边贸易成本相对于区域内贸易成本的大小，tc_{ss} 与 tc_{rr} 分别代表 s 地区与 r 地区的区域内贸易成本，tc_{sr} 与 tc_{rs} 分别代表 s 地区对 r 地区的区际出口①贸易成本、r 地区对 s 地区的区际出口贸易成本，T_{ss} 与 T_{rr} 分别代表 s 地区与 r 地区的区域内贸易，T_{sr} 与 T_{rs} 分别代表 s 地区对 r 地区区际出口的贸易、r 地区对 s 地区的区际出口贸易，σ 代表替代弹性。

在传统的李嘉图贸易模式下，由于各国家（地区）出口的商品完全使用本地区中间投入，进口的商品亦是满足最终需求，基于贸易流量的测度方式已经足够。然而，随着全球价值链的发展，商品的生产已经不再完全由一个地区所独占，而是根据各自的禀赋优势完成商品生产的某一环节。这就使得中间品贸易替代最终品贸易，成为全球贸易的主导形式（王直等，2015）。在此情形下，如果仍旧使用传统的测度方式，贸易成本将会面临虚假统计与结果不确定性的双重挑战。为了阐释这一情形，本章以三地区三部门的经济体进行简要阐述。

在一个三地区三部门的经济体中，上标 1、2、3 分别为生产部门，下标 r、s 与 t 分别代表不同区域。根据投入产出关系，定义中间投入系数矩阵为 $\boldsymbol{A}$，多区域完全需求系数矩阵为 $\boldsymbol{B}$，单区域完全需求系数矩阵为 $\boldsymbol{L}$，行业产出矩阵为 $\boldsymbol{X}$，地区之间的最终需求矩阵为 $\boldsymbol{Y}$，出口需求矩阵为 $\boldsymbol{E}$，误差项矩阵为 $\boldsymbol{ERR}$，进口向量为 $\boldsymbol{IM}$，增加值向量为 $\boldsymbol{Va}$，增加值系数行向量 $\boldsymbol{V}$ 为行业增加值占总产出的比例，进口系数行向量 $\boldsymbol{M}$ 为进口中间投入占总产出的比例。

根据投入产出中的行向关系，存在：

$$\boldsymbol{X} = \boldsymbol{AX} + \boldsymbol{Y} + \boldsymbol{E} + \boldsymbol{ERR} \tag{4-2}$$

此时，s 地区引致的 r 地区的增加值 Va_{rs} 可以表示为：

$$Va_{rs} = (V_r)^T \# X_{rs} \text{②} \tag{4-3}$$

---

① 除特别说明外，书中“区际出口”是指区域之间的出口贸易，“出口”是指国家之间的出口贸易。

② “#”代表矩阵中的对应元素相乘。

由于 X_{rs} 可以表示为不同需求引致的产量：

$$X_{rs} = A_{rr}X_{rs} + \sum_{t\neq r}^{3} A_{rt}X_{ts} + Y_{rs} + E_s + ERR_s = L_{rr}\left(\sum_{t\neq r}^{3} A_{rt}X_{ts} + Y_{rs} + E_s + ERR_s\right) \tag{4-4}$$

此时，（4-3）式可以表示为：

$$\begin{aligned} Va_{rs} = (V_r)^T \# X_{rs} &= \underbrace{(V_r)^T \# L_{rr} Y_{rs} + (V_r)^T \# L_{rr} A_{rs} X_{ss} + (V_r)^T \# L_{rr} A_{rt} X_{ts}}_{\text{国内需求引致}} \\ &\quad + \underbrace{(V_r)^T \# L_{rr} A_{rs} E_s}_{\text{出口需求引致}} + \underbrace{(V_r)^T \# L_{rr} A_{rs} ERR_s}_{\text{误差项引致}} \\ &= Va_{rs\_d} + Va_{rs\_e} + Va_{rs\_err} \end{aligned} \tag{4-5}$$

由于本章主要考察区际贸易成本，主要聚焦于对国内需求部分 Va_{rs_d} 进行考量。按照提供商品用途的不同，Va_{rs_d} 可以分解为两个部分：最终产品区际出口引致的增加值（***A***）、中间产品区际出口引致的增加值（***B***）。其中，中间产品区际出口引致的增加值又可按照贸易的流向分为两个部分：对地区 t 中间产品区际出口引致的直接增加值贸易（***B*1**）、对地区 s 以外区域的中间产品区际出口引致的间接增加值贸易（***B*2**）。至此，我们可以利用增加值贸易替代传统贸易进行价值链下的贸易成本度量。

$$Va_{rs\_d} = \underbrace{V_r L_{rr} Y_{rs}}_{\text{A. 最终产品区际出口}} + \overbrace{\underbrace{V_r L_{rr} A_{rs} X_{ss}}_{\text{B1. 直接区际出口}} + \underbrace{V_r L_{rr} A_{rt} X_{ts}}_{\text{B2. 间接区际出口}}}^{\text{B. 中间产品区际出口}} \tag{4-6}$$

$$\hat{\tau}_{rs} = \left(\frac{Va_{rr\_d}Va_{ss\_d}}{Va_{rs\_d}Va_{sr\_d}}\right)^{1/2(\sigma-1)} - 1 \tag{4-7}$$

其中，$\hat{\tau}_{rt}$ 代表增加值测度的贸易成本，其他与前文类似。相较于（4-1）式，增加值视角下的测度可以有效解决以下问题。

4.2.1 虚假统计问题

伴随着中间产品的多次穿越国境，传统口径下的增加值贸易成本存在虚假统计之嫌。按照 Wang 等（2013）的推导，地区 r 对于地区 s 的区际出口 T_{rs} 可以拆分为 11 项不同的部分。其中，第（1）~（5）项为地区 r 区际

出口到地区 s 的增加值，第（6）~（8）项为区际出口后的区域内增加值回流部分，第（9）~（12）项为区际出口中的非本地增加值，主要包括重复统计、其他地区增加值与进口增加值部分。按照每个部分的不同含义，可以发现地区 r 对地区 s 的区际出口不仅包括被放大的虚假统计部分，还涵盖了大量的其他地区增加值与国外增加值。

假设地区 r 生产中大量使用了地区 t 的中间投入，并且地区 t 降低了对地区 r 的贸易成本，那么地区 r 的区际出口规模可能因生产成本的下降而大幅上升。在此情景下，如果使用传统的贸易流量进行测度，即使地区 r 没有降低对地区 s 的贸易成本，τ_{rs} 亦会因为 T_{rs} 上升而下降。同样，作为上游投入来源，由于 T_{rr}/T_{rs} 无法涵盖地区 s 通过地区 r 间接区际出口于地区 t 的增加值部分，单纯地利用（4-1）式进行测度，亦会造成上游地区贸易成本的低估。

$$
\begin{aligned}
T_{rs} = {} & V_r B_{rr} Y_{rs} + V_r L_{rr} A_{rs} B_{ss} Y_{ss} + V_r L_{rr} A_{rs} B_{st} Y_{tt} + V_r L_{rr} A_{rs} B_{ss} Y_{st} + V_r L_{rr} A_{rs} B_{st} Y_{ts} + \\
& V_r L_{rr} A_{rs} B_{ss} Y_{sr} + V_r L_{rr} A_{rs} B_{st} Y_{tr} + V_r L_{rr} A_{rs} B_{sr} Y_{rr} + V_r L_{rr} A_{rs} B_{sr} (Y_{rs} + Y_{rt}) + \\
& (V_r B_{rr} - V_r L_{rr}) A_{rs} X_s + V_t B_{tr} T_{rs} + V_s B_{sr} T_{rs} + \sum_{s=1}^{3} I_s B_{sr} T_{rs} \qquad (4-8)
\end{aligned}
$$

如果使用增加值贸易进行测度，由于增加值贸易剔除了其他地区增加值与进口增加值部分，即使地区 t 降低与地区 r 之间的贸易成本，地区 r 与地区 s 的贸易成本亦不会发生改变。这意味着，相比传统的贸易流量，增加值更能有效避免虚假统计问题。

4.2.2　中间品贸易效应

值得注意的是，由于部分行业的可贸易性较差，并非所有国家—部门之间都存在直接的贸易往来。在 1997 年、2002 年与 2007 年的全球投入产出表中，共有 16250 个双边出口贸易流量为 0；在 1997 年、2002 年与 2007 年的中国区域间投入产出表中，亦有 169 个双边区际出口贸易值为 0。如果按照（4-1）式进行测算，当双边出口贸易为 0 时，传统贸易下的贸易成本并不可得，而在增加值贸易下，此类情况将会被有效避免。

这是因为，即使两个区域之间并未发生直接贸易，亦可通过间接贸易的途径实现价值往来。可以用一个假想的例子来进行说明。假定由于地区 s 与地区 r 之间距离较远，两地区之间并不存在直接的贸易往来：

$$E_{rs} = A_{rs}X_s + Y_{rs} = 0 \tag{4-9}$$

$$A_{rs} = Y_{rs} = 0 \tag{4-10}$$

不过，地区 s 的汽车生产过程中需要进口地区 t 的发动机进行组装使用，而地区 t 由于生产过程中需要使用地区 r 的技术服务，那么地区 s 的生产过程仍然间接消耗了来自地区 r 的中间投入。尽管地区 s 对地区 r 的直接进口为0，但是根据（4-6）式可以发现，由于间接区际出口 $V_rL_{rr}A_{rt}X_{ts}$ 的存在，地区 r 对地区 s 的增加值区际出口并不等于0。这意味着，即使两个地区之间的某个行业直接贸易为0，只要间接贸易存在，双边之间的增加值贸易就不等于0，两个地区之间贸易成本仍可计算。

进一步来看，增加值贸易不仅保证了所有部门的贸易成本可以计算，而且避免了总体贸易成本测算结果的不唯一性。在实际运算中，假设在国内所有的部门贸易之中，仅有地区 r 部门1对地区 s 的区际出口 T^1_{rs} 为0，地区 r 与地区 t 的中间品贸易往来仍然存在。此时，如果基于传统贸易进行测算，由于分母为0，地区 r 部门1与地区 s 的区际贸易成本并不可得。

$$\tau^1_{rs} = NA \qquad \hat{\tau}^1_{rs} \neq NA \tag{4-11}$$

如果按照“地区—部门—地区”与“部门—地区—地区”的加总顺序进行总体贸易成本计算，将会出现与胡宗彪和王恕立（2013）、潘文卿和李跟强（2017）类似的情况，不同加总顺序之间的结果并不一致。

$$\tau = \frac{1}{3}\frac{1}{3-1}\frac{1}{3-1}\sum_{r=1}^{3}\sum_{\substack{s=1\\ s\neq r}}^{3}\sum_{m\neq 1}^{3}\tau^m_{rst} = \frac{1}{12}\sum_{r=1}^{3}\sum_{\substack{s=1\\ s\neq r}}^{3}\sum_{m\neq 1}^{3}\tau^m_{rst} \tag{4-12}$$

$$\tau = \frac{1}{3}\frac{1}{3}\frac{1}{3-1-1}\sum_{r=1}^{3}\sum_{\substack{s=1\\ s\neq r}}^{3}\sum_{m=1}^{3}\tau^m_{rst} = \frac{1}{9}\sum_{r=1}^{3}\sum_{\substack{s=1\\ s\neq r}}^{3}\sum_{m\neq 1}^{3}\tau^m_{rst} \tag{4-13}$$

不过，如果按照以增加值衡量的贸易成本进行测度，由于 $va^1_{rt} \neq 0$，地区—部门层面的贸易成本可以计算，无论遵循“部门—地区—部门”还是“部门—地区—地区”的加总顺序，总体贸易成本结果仍然一致。

$$\hat{\tau} = \frac{1}{3}\frac{1}{3}\frac{1}{3-1}\sum_{r=1}^{3}\sum_{\substack{s=1\\s\neq r}}^{3}\sum_{m=1}^{3}\hat{\tau}_{rst}^{m} = \frac{1}{18}\sum_{r=1}^{X}\sum_{\substack{s=1\\s\neq r}}^{X}\sum_{m=1}^{Y}\hat{\tau}_{rst}^{m} \tag{4-14}$$

$$\hat{\tau} = \frac{1}{3}\frac{1}{3}\frac{1}{3-1}\sum_{r=1}^{3}\sum_{\substack{s=1\\s\neq r}}^{3}\sum_{m=1}^{3}\hat{\tau}_{rst}^{m} = \frac{1}{18}\sum_{r=1}^{X}\sum_{\substack{s=1\\s\neq r}}^{X}\sum_{m=1}^{Y}\hat{\tau}_{rst}^{m} \tag{4-15}$$

因而，无论是从虚假统计还是测度结果的不确定性来看，基于增加值贸易的测度都更能解释价值链下的分工特点。

4.3　增加值贸易视角下中国区际贸易成本的测算与比较

4.3.1　不同口径下的贸易成本比较

（1）贸易成本的总体测度

表4-1结果显示，如果基于增加值贸易进行测算，无论按照“区域—部门—区域”“区域—区域—部门”还是“部门—区域—区域”的顺序进行计算，区际贸易成本的测度结果都是相对不变。1997年，区际贸易成本为64.07%，2002年区域间的贸易成本为66.21%，2007年区域间的贸易成本为47.94%。尽管1997~2002年的贸易成本略有上升，但得益于2002年之后快速下降，整个观察期内的贸易成本实现了-16.13%的变动。考虑到中国2001年底加入WTO的冲击，本书认为这一特征可能在于随着中国对外开放的深化，激烈的国际竞争环境正在倒逼国内市场的整合，从而强化了区际之间的分工协作。

不过，如果使用传统的产值口径进行测度，区际贸易成本将会出现以下特点：一是就结果的唯一性而言，无论是在哪个观测年份，三种加总顺序的测度结果都不一致。这意味着，如果使用传统的贸易成本进行测度，我们将会面临不确定性的挑战。二是就数值分布来看，尽管三种加总顺序的结果下，贸易成本都经历先上升后下降的变动，但是相较于观察期初，

表4-1　1997~2007年不同口径下的区际贸易成本　（单位:%）

项目	传统贸易				增加值贸易			
加总顺序	1997年	2002年	2007年	变动	1997年	2002年	2007年	变动
区域—部门—区域	78.84	96.26	82.88	4.04	64.07	66.21	47.94	-16.13
区域—区域—部门	78.84	97.12	83.17	4.33	64.07	66.21	47.94	-16.13
部门—区域—区域	79.43	95.26	82.59	3.16	64.07	66.21	47.94	-16.13

观察期末的贸易成本仍有提升。这表明，如果基于传统贸易成本的测度，将会认为区际市场仍然处于分割状态。

对比两种测算口径，可以发现：一方面，由于总体的贸易成本测度需要涉及三个维度的加权平均，一旦某一样本的结果缺失，总体的结果将会不再唯一。正如前文所示，受制于传统口径难以捕获间接贸易效应，传统贸易测度下的缺失情形可能广泛存在。一旦这种情况成立，传统贸易测度的贸易成本将不唯一。另一方面，随着外部竞争环境的强化，国内区域之间分工协作不断增强。区际市场的分工不再局限于任意两个区域（行业）之间，而是通过价值链条的延伸，融合了更多个体的分工协作。如果此时的价值链分工更多地借助于间接贸易实现，那么传统口径的测度误差将会被进一步放大。因而，如图4-1所示，随着时间的推移，两种测算口径下的贸易成本偏差不断放大。由此，我们认为相比传统贸易，增加值贸易测度更能反映价值链的分工情形。

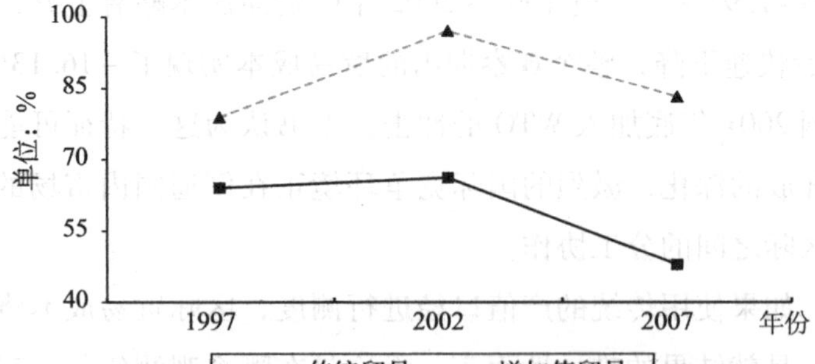

图4-1　1997~2007年不同口径下的区际贸易成本的变动趋势①

① 传统贸易的测度结果由“区域—部门—区域”的顺序而得。

（2）分区域的测算

表4－2汇报了不同口径下中国各个地区区际贸易成本的变动情况。

表4－2　　不同口径下中国各地区的区际贸易成本差异　　（单位：%）

地区	增加值贸易				传统贸易			
	1997年	2002年	2007年	变动	1997年	2002年	2007年	变动
总体	64.07	66.21	47.94	－16.12	79.43	95.26	82.59	3.15
沿海地区	62.05	65.01	49.28	－12.77	77.10	96.25	83.46	6.36
京津	74.33	64.66	47.77	－26.56	90.15	90.94	82.11	－8.04
北部	54.99	62.02	47.18	－7.81	68.87	92.68	76.68	7.81
东部	57.36	68.31	55.46	－1.90	73.25	104.59	95.36	22.11
南部	61.53	65.06	46.72	－14.81	76.14	96.79	79.68	3.54
内陆地区	66.10	67.41	46.60	－19.50	81.77	94.27	81.72	－0.05
东北	74.83	75.61	53.33	－21.50	90.71	108.34	94.58	3.87
中部	54.09	62.60	41.42	－12.67	69.05	80.90	71.32	2.27
西北	64.56	62.28	41.44	－23.12	78.12	85.59	70.15	－7.97
西南	70.91	69.15	50.21	－20.70	89.18	102.26	90.82	1.64

如果利用增加值贸易进行衡量，各个地区的区际市场整合都在不断加快。从数值来看，1997年沿海地区、内陆地区的贸易成本分别为62.05%与66.10%，2002年沿海地区、内陆地区的贸易成本分别为65.01%与67.41%，2007年沿海地区、内陆地区的贸易成本分别为49.28%与46.60%。虽然观察期初，沿海地区的贸易成本更低，但是观察期末，内陆地区的贸易成本已大幅降至沿海地区之下。其中，内陆地区的贸易成本下降主要集中于西北地区、东北地区与西南地区，这类样本的下降数值都在20%以上。但在沿海地区的样本中，除京津地区的贸易成本下降超过20%以外，其余地区贸易成本的下降都相对较少。尤其是东部沿海地区，作为我国改革开放的前沿阵地，东部沿海的贸易成本仅仅下降了1.90%。这意味着，整个沿海地区的区际贸易成本降幅不仅相对滞缓，而且束缚了总体贸易成本的下降。而分阶段来看，1997～2002年，沿海地区与内陆地区的区际贸易成本分别上升了2.96%与1.31%，2002～2007年沿海地区与内陆地区的区际贸易成本则分别下降了15.73%与20.81%。这表明，与总体

结果类似，地区的贸易成本下降同样集中于加入 WTO 之后。细分地区来看，2002~2007 年，东北地区、中部地区、西北地区与西南地区的区际贸易成本分别下降了 22.28%、21.18%、20.84% 与 18.94%，京津地区、北部沿海、东部沿海与南部沿海分别下降了 16.89%、14.84%、12.85% 与 18.34%。这意味着，加入 WTO 之后对外开放更大程度地倒逼了内陆地区的区际分工整合。

不过，如果使用传统的贸易成本进行衡量，贸易成本的变动将会十分微弱。1997 年，沿海地区与内陆地区的区际贸易成本分别为 77.10%、81.77%，2007 年分别为 83.46% 与 81.72%。相比观察期初，观察期末的沿海地区与内陆地区的贸易成本分别呈现 6.36% 与 -0.05% 的变动。并且，沿海地区的贸易成本甚至呈现上升迹象。具体而言，除京津地区外，其余地区的贸易成本都在上涨。尤其是东部沿海，其贸易成本甚至上升了 22.11%。分阶段来看，在加入 WTO 之前与加入 WTO 之后，沿海地区的区际贸易成本呈现 19.08% 与 -12.79% 的变动，内陆地区的区际贸易成本则是 12.37% 与 -12.56% 的变动。

对比以上特征，可以发现两种口径下的贸易成本差异依然显著。并且，这一差异主要表现在对于沿海地区的贸易成本高估。究其原因，本书认为这一特点可能在于：尽管在加入 WTO 之前，部分沿海地区的贸易成本有所上升，但随着分工网络的日益紧密，区域之间仍可通过其他区域或行业抵消直接流量下降的损失，从而降低分工壁垒的上升程度。不过，值得注意的是，虽然增加值贸易口径下，沿海地区的区际贸易成本有所下降，但是相比内陆地区，沿海地区的整合速度仍明显偏慢。由于内陆地区主要专注于初级产品生产，如果当前的区际整合更多地来自内陆地区，那么中国经济发展将会存在低端化风险。

（3）分行业的测算

考虑到区际市场整合的低端化隐忧，本部分进一步将区际贸易成本的测算扩展于行业层面。结果如表 4-3 所示。

表4-3　不同口径下中国各行业的区际贸易成本差异　（单位：%）

差异	增加值贸易				传统贸易			
	1997年	2002年	2007年	变动	1997年	2002年	2007年	变动
总体	64.07	66.21	47.94	-16.13	78.84	97.12	83.17	4.33
初级产品	57.19	59.98	41.20	-15.99	87.81	97.56	86.69	-1.12
S01	76.63	76.75	54.50	-22.13	108.04	118.84	107.94	-0.10
S02	37.75	43.20	27.90	-9.85	67.57	76.28	65.44	-2.13
制造业	55.57	59.20	42.17	-13.40	77.07	82.93	73.07	-4.00
S03	64.03	67.71	52.89	-11.14	75.27	81.06	69.49	-5.78
S04	57.73	66.81	41.37	-16.36	77.62	83.36	75.57	-2.05
S05	57.5	63.98	45.99	-11.51	76.83	97.36	78.61	1.78
S06	55.77	52.11	41.22	-14.55	88.12	82.01	84.16	-3.96
S07	42.27	47.60	32.68	-9.59	65.86	71.40	64.48	-1.38
S08	69.60	77.19	47.71	-21.89	94.64	109.88	83.05	-11.59
S09	43.36	48.43	32.67	-10.69	64.24	72.53	61.16	-3.08
S10	63.39	62.27	43.47	-19.92	88.87	82.84	64.94	-23.93
S11	56.60	53.85	45.27	-11.33	75.44	77.93	76.09	0.65
S12	52.37	58.60	43.25	-9.12	68.98	75.63	73.28	4.30
S13	48.61	52.61	37.36	-11.25	71.87	78.21	72.95	1.08
其他行业	112.19	101.61	74.81	-37.38	76.07	158.94	119.70	43.63
S14	54.83	60.12	43.03	-11.80	76.07	135.42	123.21	47.14
S15	169.55	143.10	106.59	-62.96	NA	182.45	116.18	NA
服务业	69.63	75.62	59.56	-10.07	83.20	112.91	98.66	15.46
S16	53.02	63.37	48.50	-4.52	83.20	102.83	88.32	5.12
S17	86.23	87.86	70.61	-15.62	NA	122.99	108.99	NA

注：当双边贸易流量为0时，传统贸易口径下的贸易成本不可计算，此时用NA进行替代。

如果基于增加值贸易进行测度，低端化分工偏好将会十分明显。一方面，就区际贸易成本来看，1997年区际贸易成本按照制造业、初级产品、服务业与其他行业的顺序依次递增；而2007年，区际贸易成本则是按照初级产品、制成品、服务业与其他行业的顺序依次递增。相比观察期初，分工壁垒最低的行业类别逐步为初级产品所取代。即使细分行业来看，初级产品的分工优势依旧明显。作为初级产品的重要组成部门，无论是观察期的哪一年份，采选业（部门S02）都是贸易成本最低的行业样本。这意味着，相比其他行业，初级产品具备最低的区际贸易成本。另一方面，就区际贸易成本的变动来看，1997～2007年，贸易成本的下降按照其他行业、初级产品、制造业与服务业的顺序依次递减。其中，下降高于20%的部门是建筑业（部门S15）、有色金属冶炼（部门S08）与农林牧副渔（部门S01），下降低于10%的部门则是交通设备制造业（部门S12）与运输业（部门S16）。如果按照行业属性进行归类，可以发现降幅较快的部门都是劳动密集型部门或资源类行业，而降幅较慢的部门则是知识密集型行业。这意味着，当前区际分工整合呈现出往低端化方向发展的特点。

不过，如果基于传统贸易进行测度，区际分工整合的低端化倾向将不再明显。一方面，就区际贸易成本来看，无论是样本期内的哪一年份，区际贸易成本都是按照制造业、初级产品、服务业与其他行业的顺序依次递增。即使细分行业来看，贸易成本最低的行业类别仍是制造业。其中，1997年与2007年贸易成本最低的是金属品冶炼及制品业（部门S09），2002年贸易成本最低的是石化工业（部门S07）。另一方面，就区际贸易成本的变动而言，1997～2007年，制造业的下降数值最高，初级产品其次，服务业与其他行业的贸易却在不断上升。具体而言，在17个行业中，有10个部门的区际贸易成本有所降低，7个部门的区际贸易成本有所上升。其中，下降最快的部门是机械制造（部门S10），而上升最快的部门则是电力、燃气与水的供应行业（部门S14）。由于机械制造归属知识密集型行业，电力、燃气与水的供应行业归属资源类行业。这就意味着，按照传统贸易的测度，分工整合不仅未有低端化倾向，反而呈现出一定的高端化趋势。

对比以上结果可以发现，相比总体和区域层面的测度，行业层面的差异更为明显。并且，这种差异突出体现为低端化整合与高端化整合的分化。究其原因，可能在于以下几点：一是不同于制造行业尤其是知识密集型制造部门，初级产品或资源部门普遍具有相对较高的上游度。作为上游供给来源，此类行业不仅直接参与分工，而且通过为其他行业提供大量的原材料进行价值创造。但是，受制于传统贸易不可追溯价值创造来源、仅是简单地将价值创造总额归计于最终出口部门之下的特点，传统贸易口径可能低估了上游行业的分工参与程度。二是中国经济的增长模式并非一蹴而就，而是通过40年的改革开放逐步推进。在这一过程中，由于早期的行业基础薄弱，中国主要凭借低廉的资源成本承接了来自全球价值链的外部需求。这就导致经济增长存在依赖资源输出的弊端，从而放大了不同测算方式下初级产品的分工壁垒差异。三是本章在总体或区域层面的计算结果主要遵循了传统文献的几何平均法。但在17个部门之中，初级产品仅有两个部门出现在行业之中，这就导致了初级产品的加总权重相对偏低，行业层面的特点很难被反映于区域或总体层面。

4.3.2 中国国内外贸易成本差异

鉴于中国国内市场整合呈现较为明显的低端化迹象，这一特征究竟是中国参与价值链分工的共性还是国内分工特有的现象？为了有效识别这一差异，本部分进一步按照潘文卿和李跟强（2017）的做法进行了不同市场的贸易成本测算，结果如表4-4所示。

表4-4 中国各行业的区际贸易成本与对外贸易成本差异 （单位:%）

差异	对外贸易				区际贸易			
	1997年	2002年	2007年	变动	1997年	2002年	2007年	变动
总体	143.56	123.08	106.27	-37.29	64.07	66.21	47.94	-16.13
初级产品	147.94	131.00	110.98	-36.96	57.19	59.98	41.20	-15.99
S01	166.69	151.96	127.23	-39.46	76.63	76.75	54.50	-22.13
S02	129.18	110.04	94.73	-34.45	37.75	43.20	27.90	-9.85
制造业	128.82	108.21	91.62	-37.20	55.57	59.20	42.17	-13.40
S03	174.53	162.43	135.81	-38.72	64.03	67.71	52.89	-11.14
S04	112.22	92.43	80.70	-31.52	57.73	66.81	41.37	-16.36
S05	129.96	119.27	103.26	-26.70	57.50	63.98	45.99	-11.51
S06	134.96	114.95	101.55	-33.41	55.77	52.11	41.22	-14.55
S07	108.20	93.44	79.92	-28.28	42.27	47.60	32.68	-9.59
S08	149.96	130.92	122.59	-27.37	69.60	77.19	47.71	-21.89

续表

差异	对外贸易				区际贸易			
	1997 年	2002 年	2007 年	变动	1997 年	2002 年	2007 年	变动
S09	109.57	90.78	78.40	-31.17	43.36	48.43	32.67	-10.69
S10	122.76	97.27	75.79	-46.97	63.39	62.27	43.47	-19.92
S11	106.06	76.37	57.17	-48.89	56.60	53.85	45.27	-11.33
S12	142.88	113.78	94.52	-48.36	52.37	58.60	43.25	-9.12
S13	125.96	98.71	78.13	-47.83	48.61	52.61	37.36	-11.25
其他行业	205.05	180.96	166.69	-38.36	112.19	101.61	74.81	-37.38
S14	147.75	130.23	111.82	-35.93	54.83	60.12	43.03	-11.80
S15	262.34	231.68	221.55	-40.79	169.55	143.10	106.59	-62.96
服务业	158.78	139.06	121.71	-37.07	69.63	75.62	59.56	-10.07
S16	147.01	124.97	110.12	-36.89	53.02	63.37	48.50	-4.52
S17	170.55	153.15	133.30	-37.25	86.23	87.86	70.61	-15.62

首先，从数值来看，无论是在总体还是细分行业层面，中国对外贸易成本都在区际贸易成本之上。这表明，相较于国内分工整合，中国参与全球价值链需要付出更为高昂的成本。由于地理距离、制度与文化差异，对外分工中的摩擦远在内部分工之上。因而，区际贸易成本与对外贸易成本的差异并不违背预期。其次，从变动趋势来看，1997 年总体对外贸易成本为 143.56%，2002 年为 123.08%，2007 年为 106.27%。相较于贸易成本的“倒 V”形波动，中国对外贸易成本未因加入 WTO 而呈现出明显的逆转。并且，即使细分行业来看，这一线性变动特征仍未逆转。究其原因，这一特点可能在于长期的分权竞争机制。在对外分工过程中，各个区域与国外市场并不存在直接的竞争关系，而在国内分工中，由于财政分权和行政集权的体制，各个地区之间并非简单的贸易伙伴关系，而是暗含着一定的经济、政治利益博弈。因而，在缺乏一定矫正机制的情形下，加入 WTO 之前的国内、外贸易成本呈现出了逆向发展态势。再次，从下降幅度来看，1997 ~ 2007 年，总体的国内、外贸易成本分别下降了 16.13% 与 37.29%。相比国内贸易成本，对外贸易成本的降幅更大。并且，从行业分布来看，17 个部门之中，除去建筑行业（部门 S15）外，其余行业的对外

贸易成本下降数额均在国内贸易成本之上。最后，从整合方向来看。在变动幅度上，对外贸易成本中，下降最快的样本是交通运输设备制造业（部门S11），下降最慢的部门是木材加工及家具制造业（部门S05）；区际贸易成本中，除建筑行业外，下降最快的部门是非金属矿物制品业（部门S08），下降最慢的是货物运输及仓储业（部门S16）。按照要素属性来看，由于交通运输设备制造业与木材加工及家具制造业分别从属于知识密集型制造业、劳动密集型制造业，非金属矿物制品业与货物运输及仓储业分别属于资源相关制造业与资本密集型服务业，国内、外贸易成本分别呈现出了低端化与高端化整合的发展迹象。与之类似的是，在数值分布上，2007年，对外贸易成本最低的是交通运输设备制造业，而国内贸易成本最低的则是采选业。

显然，中国对外贸易成本不仅在数值上与区际贸易成本存在较大差异，而且在变动方向上呈现高端化整合的趋势。这意味着，区际市场整合的低端化迹象主要集中于国内市场。究其原因，这一特征可能来自以下两点：一是由于地区之间存在一定的分割倾向，国内分工尤其是高端投入的分工整合更加困难；二是相比国内中间投入，国外中间投入尤其是高技术行业中间投入的竞争实力更强。因而，在国内贸易壁垒降幅较慢的情境下，国内地区可能更加倾向于利用国外投入进行替代。

4.3.3 扩展分析——基于双边区域的分解

随着近年来的资源红利衰退、劳动成本上升与环境污染加剧，过度依赖初级产品的发展问题日益显现。在此背景下，厘清区际分工低端整合的关键地区与关键因素，对于进一步借助国内市场推动中国制造业的转型升级具有十分重要的意义。鉴于此，本部分首先通过贸易成本的双边分解，识别影响当前区际分工低端整合的关键区域，继而将其扩展至行业层面，进一步分析这类区域对于区际市场整合的潜在影响。

(1) 双边区域的分解（见表4-5）

表 4-5　　中国各区域双边贸易成本分解　　（单位：%）

年份	区域	东北	京津	北部	东部	南部	中部	西北	西南
1997	东北	0	76.23	58.84	68.56	79.20	70.68	76.29	93.99
	京津	76.23	0	52.11	74.46	81.56	68.03	70.74	97.19
	北部	58.84	52.11	0	43.35	58.06	44.70	57.03	70.81
	东部	68.56	74.46	43.35	0	45.87	41.33	63.90	64.05
	南部	79.20	81.56	58.06	45.87	0	46.01	68.43	51.59
	中部	70.68	68.03	44.70	41.33	46.01	0	52.32	55.55
	西北	76.29	70.74	57.03	63.90	68.43	52.32	0	63.19
	西南	93.99	97.19	70.81	64.05	51.59	55.55	63.19	0
2002	东北	0	58.84	68.59	93.09	79.83	81.46	70.01	77.48
	京津	58.84	0	33.33	74.20	77.63	67.08	61.89	79.62
	北部	68.59	33.33	0	63.95	69.61	57.77	61.49	79.37
	东部	93.09	74.20	63.95	0	60.95	47.89	65.19	72.89
	南部	79.83	77.63	69.61	60.95	0	53.82	62.33	51.25
	中部	81.46	67.08	57.77	47.89	53.82	0	60.90	69.29
	西北	70.01	61.89	61.49	65.19	62.33	60.90	0	54.13
	西南	77.48	79.62	79.37	72.89	51.25	69.29	54.13	0
2007	东北	0	40.95	51.97	68.08	53.48	53.46	48.31	57.07
	京津	40.95	0	27.61	62.38	55.99	46.10	41.49	59.86
	北部	51.97	27.61	0	59.92	54.63	38.13	40.31	57.73
	东部	68.08	62.38	59.92	0	50.47	35.20	50.26	61.91
	南部	53.48	55.99	54.63	50.47	0	37.56	39.21	35.73
	中部	53.46	46.10	38.13	35.20	37.56	0	35.39	44.07
	西北	48.31	41.49	40.31	50.26	39.21	35.39	0	35.08
	西南	57.07	59.86	57.73	61.91	35.73	44.07	35.08	0

基于八大地区的分解显示，以下原因构成了不同区域贸易成本变动分化的重要影响因素。

第一，地理位置对于区际贸易成本有着举足轻重的影响。在八大区域中，地理位置相距较远的区域贸易成本较高，地理位置毗邻的区域贸易成本相对较低。如对东北地区而言，贸易成本较高的区域是东部沿海、西南地区，贸易成本较低的则是距离较近或相互毗邻的京津地区与北部沿海。

对于京津地区而言，由于四周皆为北部沿海环绕，京津地区与北部沿海的贸易成本最低，与其他区域尤其是西南地区与东部沿海的贸易成本相对较高。对于北部沿海而言，贸易成本较高的区域是距离较远、并无接壤的西南地区与南部沿海，贸易成本较低的区域则是相互毗邻的京津地区与中部地区。对于东部沿海而言，贸易成本较高的区域主要是东北地区、京津地区，贸易成本较低的则是中部地区。对于南部沿海而言，贸易成本较高的主要是东北地区、京津地区，贸易成本较低的主要是中部地区与西南地区。对于中部地区而言，贸易成本较高的主要是东北地区，贸易成本较低的主要是东部沿海、北部沿海与西北地区。对于西北地区而言，贸易成本较高的主要是东部沿海，贸易成本较低的主要是西南地区与中部地区。对于西南地区而言，贸易成本较高的主要是京津地区与东部沿海，贸易成本较低的主要是西北地区、南部沿海与中部地区。显然，无论是哪一地区，贸易成本都因距离的上升而增加，因距离的下降而衰减；并且，作为八大区域中邻区最多的样本，北部沿海、中部地区与其他区域之间的贸易成本长期最低。这意味着，即使在增加值贸易情形下，传统的地理距离仍是分工协作需要考虑的重要因素。

第二，产业结构对于贸易成本的重要性逐渐凸显。尽管地理毗邻构成了贸易成本分化的重要诱因，但是进一步对比可以发现，相邻区域的贸易成本并不对等。如对东部沿海而言，其毗邻地区主要是中部地区、北部沿海与南部沿海。但是在贸易成本方面，中部地区却长期保持最低，北部沿海与南部沿海却相对较高。以 1997 年为例，东部沿海与中部地区、北部沿海、南部沿海的贸易成本分别为 41.33%、43.35%与 45.87%。2007 年，东部沿海与中部地区、北部沿海、南部沿海的贸易成本分别为 35.20%、59.92%与 50.47%。与之类似的是，西北地区的贸易成本同样出现了类似的分化情形。1997 年，西北地区对于中部地区的贸易成本最低，对于北部沿海、西南地区的贸易成本次之，对于东北地区的贸易成本却居高不下。2007 年，尽管西北地区的贸易成本有所下降，但是东北地区仍是相邻区域中贸易成本最高的样本。显然，无论是沿海地区还是内陆地区，相邻区域的贸易成本都存在着一定的分化趋势。究其原因，这一特点可能在于产业结构的相似性。根据产业结构相似系数进行测算，我们发现在相邻样本群体之中，贸易成本与产业结构相似度之间呈现着高度的正向关联（见图4－2）。这表明，在同样毗邻的情形下，产业结构差异较大的区域拥有着相对较大的分工空间。不过，需要注意的是，整个观察期内，多数区域之间的产业结构相似度都在70%以上。这意味着，未来贸易成本的降低依旧任重道远。

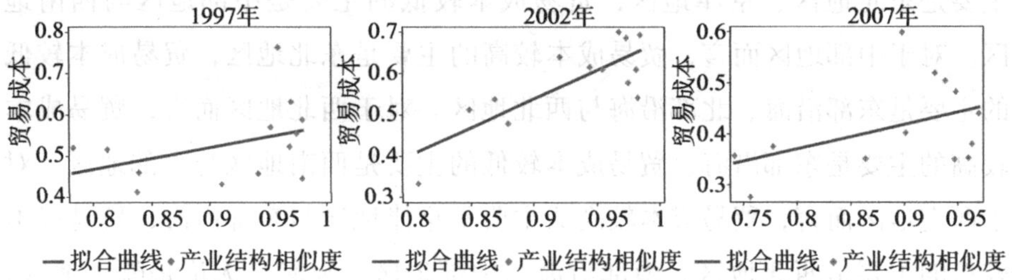

图4－2 1997～2007年产业结构相似度与贸易成本的散点图

第三，政策因素正在成为降低贸易壁垒的重要补充。1997年，京津地区与西北地区的区际贸易成本都在60%以上，分别位居贸易成本的第二位与第四位。其中，对于东部沿海、南部沿海与西南地区而言，京津地区都是贸易成本最高的分工对象。2007年，京津地区与西北地区的贸易成本分别降至第四位与第七位。其中，京津地区已经成为东北地区与北部沿海贸易成本最低的分工伙伴，西北地区同样成为西南地区贸易成本最低的分工对象。相较于观察期初，京津地区与西北地区的贸易成本降幅十分明显。如果按照传统的地理位置来看，由于京津地区与西北地区的临近区域分别为1个与4个，此类地区并不具备支撑贸易成本降幅的地缘优势。但是相较于其他地区，京津地区与西北地区的贸易成本降幅却明显更快。究其原因，这一特点可能是政策性调度的结果。一方面，作为我国的政治中心，京津地区不仅拥有通向全国的铁路与公路设施，更是占据优先发展的战略等级。因而，即使在贸易壁垒略有上升的阶段（1997～2002年），京津地区亦可实现贸易成本较快的降幅。另一方面，尽管西北地区拥有丰富的自然资源，但受限于地理位置劣势，西北地区在加入WTO之前的贸易成本降幅十分微弱。不过，伴随着加入WTO之后外需市场竞争的加剧，西部大开发逐步成为加快国内市场整合的重要举措。正是得益于这一战略，西北地区可以以较低的成本实现产品的对外输出。因而，观察期末，即使对于距离较远的东部沿海与南部沿海，西北地区的贸易成本亦实现了较快的降幅。显然，这一特征表明，在诸侯经济仍然存在的背景下，政策调度已经成为降低分工壁垒的重要补充。

值得注意的是，作为我国经济增长的前沿地带，东部沿海的贸易成本下降最为滞缓。双边结果显示，1997 年，东部沿海与其他地区之间的贸易成本相对较低。除与距离较远地区的贸易成本较高外，东部沿海与临近地区的贸易成本相对较低。并且，分别构成了中部地区、北部沿海与南部沿海区际贸易成本最低的分工对象。但 2002 年，区际贸易成本较低的特征逐渐消失，除与中部地区的贸易成本仍然较低外，东部沿海与其他地区的贸易成本都在上升。尤其是与偏远地区的分工方面，东部沿海已经成为东北地区贸易成本最高的对象。2007 年，双边分工成本走高的特性愈加明显。区际贸易成本较高的对象不再局限于距离较远的东北地区、京津地区、西北地区与西南地区，甚至包括与其毗邻的北部沿海。这意味着，东部沿海成了半数以上样本贸易成本上升的主要来源。究其原因，这一特点很可能在于内外贸易成本的不对等现象。一方面，尽管伴随着市场分割的凸显，国内不断加快区际分工整合。但是当前的政策重点主要围绕着西部支撑东部的发展导向。这就使得西部大开发之后，内陆地区的中间投入源源不断地流向东部地区。但相比而言，东部反哺西部的产业政策却十分匮乏。因而，邻区偏少而又缺乏政策引导的东部沿海难以加快区际分工整合、降低区际增加值贸易壁垒。另一方面，不同于国内贸易成本的“倒 V”形波动，中国对外贸易成本长期呈现持续下降的趋势。作为我国改革开放的前沿阵地，东部沿海不仅受益于历史悠久的对外开放政策，更是拥有濒临海洋的地缘优势，这就使得东部沿海的对外贸易成本较低。因而，伴随着区际贸易成本的上涨与对外贸易成本的下降，东部沿海可能更多地脱离了国内分工。

（2）基于东部沿海行业层面的扩展

“区域—区域”层面的分析表明，受制于内外贸易条件的差异，东部沿海存在逐步脱离国内分工的迹象。那么，作为我国生产性服务业的集聚地区，东部沿海的这一举措是否加剧了区际市场的低端整合困境？为了考虑这一情形，本部分进一步将东部沿海的区际贸易成本按照行业层面进行拆分。

结果显示（见表4-6），东部沿海的区际贸易成本并非单纯地与总体行业类似。1997~2007年，初级产品、制造业、其他行业与服务业的贸易成本分别呈现出了-7.17%、-0.87%、-7.54%与3.35%的变动。与总体的行业特征不同，东部沿海服务行业的贸易成本不仅未能下降，反而呈现一定的提升。并且，如果细分部门来看，高端行业整合的困境愈加凸显。1997~2007年，东部沿海17个部门中，区际贸易成本下降最快的行业都是集中于劳动或资源密集型的建筑业（部门S15）与农林牧副渔业（部门S01），下降最慢的行业则是货物运输及仓储业生产性服务行业（部门S16）。

表4-6　东部沿海区际贸易成本变动差异　（单位:%）

差异	1997年	2002年	2007年	变动
总体	57.36	68.31	55.46	-1.90
初级产品	52.50	64.21	45.34	-7.17
S01	71.51	78.96	59.44	-12.07
S02	33.49	49.45	31.23	-2.26
制造业	49.08	61.99	48.21	-0.87
S03	58.23	76.72	59.86	1.63
S04	48.08	59.50	46.34	-1.74
S05	52.30	73.80	54.41	2.11
S06	52.04	57.49	46.42	-5.62
S07	35.02	48.13	33.88	-1.14
S08	62.37	81.38	58.45	-3.92
S09	34.55	47.84	36.85	2.30
S10	55.44	64.85	50.58	-4.86
S11	51.10	60.46	52.86	1.76
S12	47.87	56.42	48.33	0.46
S13	42.88	55.29	42.35	-0.53
其他行业	103.91	98.51	96.36	-7.54
S14	48.29	64.42	46.45	-1.84
S15	159.52	132.60	146.27	-13.25
服务业	61.20	76.96	64.56	3.35
S16	45.72	63.21	54.48	8.76
S17	76.68	90.71	74.63	-2.05

究其原因，这一特点可能源自以下两点：一方面，东部沿海的率先崛起并非单纯地依靠自身力量，而是很大程度上源自中央政府的政策支持。凭借内陆地区低廉的资源成本，通过“三来一补”的加工贸易，东部沿海承接了大量来自发达国家的出口需求。但是，相比其他贸易方式，加工贸易更多地利用了承包方的组装成本优势。因而，东部沿海的区际市场整合更加偏好于低端部门。另一方面，虽然东部沿海集聚了大量的生产性服务业，但受制于服务行业自身可贸易性差与东部沿海参与区际分工的多重劣势，东部沿海的服务行业很难参与区际市场整合。因而，观察期内服务行业的区际贸易成本上升并不出乎预期。并且，随着区际贸易成本的上升，东部沿海更多地利用外部市场进行替代（见图4-3）。但是，在激烈的国际竞争中，由于东部沿海的服务行业实力相对有限，丧失本地市场效应而又过度依赖外需的服务行业将会面临出口俘获的严峻挑战。一旦东部沿海的服务化转型受阻，为了维系出口利得，东部沿海可能更加依赖内陆地区的初级产品进行组装加工，这将导致中国出口陷入“初级产品分工整合加快→服务行业过度出口→遭受出口俘获→初级产品分工整合进一步加快”的恶性循环。

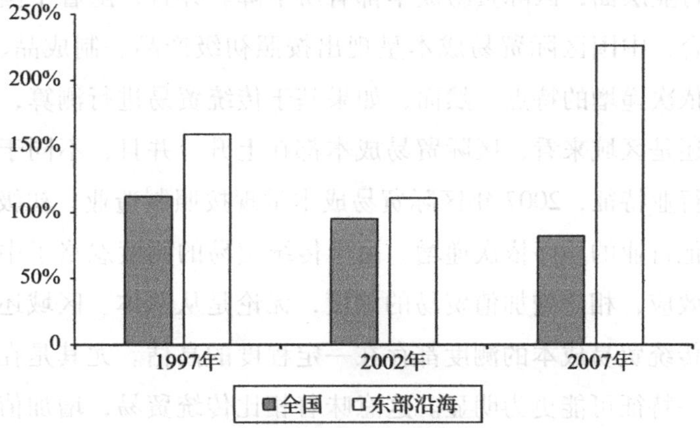

图4-3 不同区域服务部门的出口需求引致增加值与国内需求引致增加值之比①

① 利用公式（4-5）测算而得。

4.4 本章小结

随着全球价值链下的低端锁定凸显，加快国内市场整合已经成为抵御出口俘获的重要共识。尽管借助传统贸易指标，已有文献对国内市场的整合进行了较为有效的扩展，但是受制于传统贸易难以追溯价值来源，已有测度结果并不适用于价值链下的分工情形。有鉴于此，本章将 Novy (2013) 的模型扩展于增加值贸易分析框架，利用1997年、2002年与2007年区域间的投入产出表，针对中国区际贸易成本进行了再次测算。研究发现：

①如果基于增加值贸易流量进行测度，将会发现区际市场正在经历不断整合的过程。虽然1997～2002年的贸易成本略有上升，但受益于加入WTO之后外部需求的倒逼作用，整个观察期内，无论是在总体层面、区域层面还是行业层面，区际贸易成本都有所下降。并且，随着中国区际市场的快速整合，中国区际贸易成本呈现出按照初级产品、制成品、服务业、其他行业依次递增的特点。然而，如果基于传统贸易进行测算，无论是总体、行业还是区域来看，区际贸易成本都在上升。并且，不同于增加值贸易测度的行业特征，2007年区际贸易成本呈现按照制造业、初级产品、服务业与其他行业的顺序依次递增。由于传统贸易的测度忽略了中间投入的价值创造效应，相比增加值贸易的测度，无论是从总体、区域还是行业视角来看，传统贸易成本的测度都存在一定程度的高估。尤其是在上游行业层面，这一特征可能更为明显。这意味着相比传统贸易，增加值贸易测度更能刻画不同行业与区域的分工整合。

②尽管中国区际贸易成本有所下降，但就特征而言，当前的区际整合存在低端化发展迹象。分区域来看，由于沿海地区的区际贸易成本下降缓慢，截至2007年，沿海地区的区际贸易成本均值已经超越内陆地区。其中，相较于其他地区，东部沿海已经成为我国贸易成本最高的区域。这表

明，经济发达地区未能有效带动国内市场的分工整合。分行业来看，区际贸易成本按照初级产品、制造业、服务业与其他行业的顺序依次递增。虽然作为上游投入的重要来源，初级产品贸易成本较低的特征符合预期，但是这一特征并非贸易成本的普遍规律。与区际贸易成本不同，1997～2007年，中国对外贸易成本不仅持续下降，下降幅度更是呈现按照制造业、初级产品、服务业与其他行业顺序依次递增的特点。这意味着，低端化发展仅是区际市场整合特有迹象。

③进一步地扩展至双边区域层面，本章发现，受益于邻区众多的地缘优势，中部地区与北部沿海相继成为贸易成本最低的区域。同样，得益于政策扶持，京津地区与西北地区的贸易成本亦有降低。然而，受制于邻区偏少、政策调度缺失以及产业同构性偏高的多重劣势，出口便利的东部沿海逐步放弃了国内市场的介入，致使国内贸易成本不断升高。并且，这一特点在服务行业层面更为凸显。1997～2007年，东部沿海服务业的贸易成本不仅未有下降，反而不断上升。这表明，随着区际贸易壁垒的不断上升，贸易性较低的行业可能更加倾向于介入国外市场。但是考虑到中国服务业的国际竞争实力有限，过度参与全球分工的服务行业可能面临着出口俘获的挑战。一旦东部沿海的服务行业陷入低端俘获，东部沿海将会更加依赖利用内陆地区的初级产品进行组装加工模式的整合，从而掐断了中国产业升级的道路，致使中国国内分工面临“低端行业整合加快→服务行业过度出口→出口俘获→低端行业整合进一步强化”的恶性循环。因而，随着人口红利的褪去，服务化转型日益紧迫，沿海地区尤其是服务行业贸易成本降幅滞缓的特征亟须转变。

第 5 章

国内价值链与中国制造业出口的价值攀升

5.1 引言

由于中国制造多是凭借低廉的组装成本优势，通过大量进口中间投入，完成产品生产的最后一环，这就导致了中国制造业出口中的国内利得十分微弱。犹如OECD（2011）研究报告所示，中国虽然出口了全球最多的iPhone成机，但是自身的价值创造仅为出口总额的3.3%。鉴于产品内贸易模式下，各个国家都是按照自身禀赋完成指定任务、根据生产环节的长短分享经济收益，因而国内生产环节的延伸构成了现有研究的关注焦点。

通过全球价值链的案例研究，刘志彪（2008）发现，与其他经济体不同的是，中国幅员辽阔，但区域之间的经济发展水平与资源禀赋存在显著的差别。如果在中国国内形成以东部地区为主导、贯穿东中西部地区的区际分工，就可以有效地延伸国内生产环节，推动出口附加值率的提升（刘志彪，2008）。不过，就地域概念而言，国内生产环节的延伸不仅包括区域内部，亦可包括区域之间。那么，相对区域内部的分工整合，国内价值链条的延伸是否更能带动价值攀升？稍显遗憾的是，虽然现有研究从多个层面分析制造业出口的价值变动情况，但是立足区域出口层面，进行区域、区际两个维度考察的研究却十分少见。

鉴于此，本章借助最新发展的增加值核算技术，通过构造一个开放框架下的价值链测度模型，有效区分了国内增加值的不同来源，考察了区际分工对于中国制造业出口利得的影响与背后变动机制。结果显示，不同于已有研究，本章发现中国制造业出口中的国内增加值率并未随着出口规模的快速扩张而大幅下降。在加入WTO之前，由于区际贸易壁垒逐步升高，中国制造的国内生产环节多被束缚于区域内部。而在加入WTO之后，随着区际贸易壁垒的降低，中国制造业出口的国内价值链得以快速延伸。因此，受益于区际分工整合的加快，加入WTO之后的国内增加值率仅有轻微下降。进一步利用结构分解，本章发现区际增加值率的变动主要取决于区际关联，出口需求的影响十分微弱。这意味着，在市场分割依然存在的背景下，过度地指责出口俘获无助于中国制造业出口的实质性改善，加快市场整合、提升区际关联才是推动中国制造业价值攀升的关键所在。

5.2 研究方法

5.2.1 出口中的增加值核算

（1）区域间投入产出模型

本章主要借鉴 Timmer 等（2014）的模型进行出口中的价值来源核算。考虑到区域间投入产出模型是基于国内多个区域、部门的中间产品、最终需求往来的测度，为了便于理解，本章假设一个国家只存在三个区域（s、r、t），利用上标代表部门、下标代表区域。定义中间投入系数矩阵为 $\boldsymbol{A}$，行业产出向量为 $\boldsymbol{X}$，区域间最终需求矩阵为 $\boldsymbol{Y}$，出口矩阵为 $\boldsymbol{E}$，误差项矩阵为 $\boldsymbol{ERR}$，中间品进口向量为 $\boldsymbol{IM}$，增加值向量为 $\boldsymbol{Va}$。需要说明的是，由于中国区域间投入产出表未对国外中间品进口的部门来源进行区分，因此进口项仅为加总后的数额。

根据投入产出表的平衡性，从行向来看，存在：

$$\boldsymbol{X} = \boldsymbol{AX} + \boldsymbol{Y} + \boldsymbol{E} + \boldsymbol{ERR} \tag{5-1}$$

如果将 $\boldsymbol{B}$ 记为里昂惕夫完全需求矩阵，此时总产出可以表示为：

$$\boldsymbol{X} = (\boldsymbol{I} - \boldsymbol{A})^{-1}(\boldsymbol{Y} + \boldsymbol{E} + \boldsymbol{ERR}) = \boldsymbol{B}(\boldsymbol{Y} + \boldsymbol{E} + \boldsymbol{ERR}) \tag{5-2}$$

就列向来看，总投入亦可存在类似的恒等关系：

$$\boldsymbol{X} = \boldsymbol{AX} + \boldsymbol{IM} + \boldsymbol{VA} \tag{5-3}$$

值得注意的是，由于区域间投入产出表未将国外市场作为单独个体嵌入其中，因此我们参照苏庆义（2016）的处理方式，将进口中间品数额作为来自国外的增加值。定义增加值总量为 ***TVA***（*Total Value Added*），则增加值可以表示为来自国内与来自国外的增加值的加总：

$$TVA = VA + IM \tag{5-4}$$

其中，国内增加值 ***VA*** 与进口增加值 ***IM*** 可以分别表示为增加值系数与行业产出的乘积：

$$VA = V\#X \text{①} \tag{5-5}$$

$$IM = M\#X \tag{5-6}$$

（2）增加值贸易核算

按照 Lau（2007）的数理化证明，一国的增加值可以分为国内增加值与国外增加值：

$$VB + MB = \mu \quad \mu = [1, 1, \cdots, 1] \tag{5-7}$$

根据这一原则，本章将出口总额初步拆分为来自国内的增加值与来自国外的增加值：

$$\mu \hat{V} B \hat{E} + \mu \hat{M} B \hat{E} = \mu \hat{E} \text{②} \tag{5-8}$$

考虑到本章关注的焦点为“区域—部门”层面的增加值核算，将（5-8）式转化为 6×6 的矩阵形式，进行部门层面的追踪。具体如（5-9）式所示。

$$\begin{bmatrix} E_s^1 \\ \text{L} \\ E_t^3 \end{bmatrix}^T = \begin{bmatrix} 1 \\ \text{L} \\ 1 \end{bmatrix}^T \begin{bmatrix} V_s^1 & \cdots & 0 \\ \cdots & \cdots & \cdots \\ 0 & \cdots & V_t^3 \end{bmatrix} \begin{bmatrix} B_{ss}^{11} & \cdots & B_{st}^{13} \\ \cdots & \cdots & \cdots \\ B_{ts}^{31} & \cdots & B_{tt}^{33} \end{bmatrix} \begin{bmatrix} E_s^1 & \cdots & 0 \\ \cdots & \cdots & \cdots \\ 0 & \cdots & E_t^3 \end{bmatrix} + \begin{bmatrix} 1 \\ \text{L} \\ 1 \end{bmatrix}^T \begin{bmatrix} M_s^1 & \cdots & 0 \\ \cdots & \cdots & \cdots \\ 0 & \cdots & M_t^3 \end{bmatrix} \begin{bmatrix} B_{ss}^{11} & \cdots & B_{st}^{13} \\ \cdots & \cdots & \cdots \\ B_{ts}^{31} & \cdots & B_{tt}^{33} \end{bmatrix} \begin{bmatrix} E_s^1 & \cdots & 0 \\ \cdots & \cdots & \cdots \\ 0 & \cdots & E_t^3 \end{bmatrix} \tag{5-9}$$

$$E_s^2 = \underbrace{\sum_{r=1}^{3} \sum_{i=1}^{3} V_r^i B_{rs}^{i2} E_s^2}_{DVA} + \underbrace{\sum_{r=1}^{3} \sum_{i=1}^{3} M_r^i B_{rs}^{i2} E_s^2}_{FVA} \tag{5-10}$$

---

① “#”代表矩阵中的对应元素相乘。下文同。

② 上标代表对角化处理。

以地区 s 制造业出口 E_s^2 为例：按照来源地的不同，E_s^2 主要包括国内增加值（Domestic Value Added，DVA）$\sum_{r=1}^{3}\sum_{i=1}^{3}V_r^iB_{rs}^{i2}E_s^2$ 与国外增加值（*Foreign Value Added*，*FVA*）$\sum_{r=1}^{3}\sum_{i=1}^{3}M_r^iB_{rs}^{i2}E_s^2$ 两大类别。如果仅仅关注出口中的国内增加值，（5－10）式已经足够。但是，作为全球最大的发展中国家，中国不仅需要面对国外市场的挑战，亦在面临内部市场整合的困扰。在此情形下，厘清不同类型的国内增加值来源，尤其是区际分工引致的增加值规模，对进一步利用国内市场整合，推动价值攀升无疑具有重要意义。鉴于此，本章在（5－10）式的基础上，将国内增加值拆分为区域增加值（*Regional Value Added*，*RVA*）$\sum_{i=1}^{3}V_s^iB_{ss}^{i2}E_s^2$ 与区际增加值（*Interregional Value Added*，*IRVA*）$\sum_{r\neq s}^{3}\sum_{i=1}^{3}V_r^iB_{rs}^{i2}E_s^2$ 。其中，区域增加值是指地区出口中来自本地创造的价值总额，区际增加值是指地区出口中来自其他区域创造的价值总额。具体如（5－11）式所示。

$$E_s^2 = \underbrace{\sum_{i=1}^{3}V_s^iB_{ss}^{i2}E_s^2}_{RVA} + \underbrace{\sum_{r\neq s}^{3}\sum_{i=1}^{3}V_r^iB_{rs}^{i2}E_s^2}_{IRVA} + \underbrace{\sum_{r=1}^{3}\sum_{i=1}^{3}V_r^iB_{rs}^{i2}E_s^2}_{FVA} \tag{5－11}$$

在（5－11）式的基础上，我们可以得出不同分工引致的增加值率。以地区 s 制造业的出口为例，此时区域增加值率（*Regional Value Added Ratio*，*RVAR*）、区际增加值（*Interregional Value Added Ratio*，*IRVAR*）、国内增加值率（*Domestic Value Added Ratio*，*DVAR*）与国外增加值率（*Foreign Value Added Ratio*，*FVAR*）可以分别表示为：

$$RVAR = \sum_{i=1}^{3}V_s^iB_{ss}^{i2}E_s^2/E_s^2 \tag{5－12}$$

$$IRVAR = \sum_{r\neq s}^{3}\sum_{i=1}^{3}V_r^iB_{rs}^{i2}E_s^2/E_s^2 \tag{5－13}$$

$$DVAR = (\sum_{i=1}^{3}V_s^iB_{ss}^{i2}E_s^2 + \sum_{r\neq s}^{3}\sum_{i=1}^{3}V_r^iB_{rs}^{i2}E_s^2)/E_s^2 \tag{5－14}$$

$$FVAR = \sum_{r=1}^{3}\sum_{i=1}^{3}V_r^iB_{rs}^{i2}E_s^2/E_s^2 \tag{5－15}$$

参照张少军（2013）的划分标准，分别利用 *RVAR*、*IRVAR*、*FVAR* 表征区域价值链、国内价值链与全球价值链。以国内价值链为例，如果出口中的 *IRVAR* 上升，这就表明出口活动更加偏好于国内价值链整合；同理，对于其他类型的增加值率，亦有类似的含义。进一步结合 *RVAR*、*IRVAR* 的方向变动，我们可以识别分工整合方向以及不通过价值链条分工整合对于价值攀升的影响。

5.2.2　制造业出口中区际增加值率变化的结构分解

以上测算结果仅是刻画了国内价值链与中国制造业出口价值攀升的关系，并未涉及国内价值链变动的影响机制。作为衡量国内价值链整合的重要标准，我们有必要明晰影响区际增加值率变动的约束与增长点。鉴于此，本章采用基于多区域投入产出模型与数据的 SDA 方法进一步考察中国制造业出口中区际增加值率变化的主要驱动因素。SDA 方法是投入产出分析中一项成熟有效的技术。相比传统计量方法，SDA 依靠投入产出的理论支撑，把某个因变量在某个选定时期的变化完全分解为不同部分，能够量化分析不同要素变动对于内生变量的贡献程度，已被广泛运用于经济、能源、就业领域（Jacobsen，2000；彭水军等，2015；张志明等，2016；卫瑞等，2016）。

考虑到区际增加值率是一个相对比值，我们参照袁凯华和彭水军（2017）的方法，在分解之前将其转化为一个乘积形式。由于地区间的投入产出表包含 8 个地区、17 个行业（其中部门 3 到部门 13 为制造业），此时区域 s 部门 j 在制造业出口总额中的份额 e_s^j 可以表示为：

$$e_s^j = E_s^j / \sum_{j=3}^{13} E_s^j \tag{5-16}$$

为了便于计算，在 SDA 之前先定义如下变量：V_r^i 为 1 行 136[①] 列的行向量，并将区域 s 的部门增加值系数记为 0，其中 $r \neq s$，i 为区域 r 的任一

① 中国区域间投入产出表总共涵盖 8 大区域，17 部门之间的中间产品与最终需求的贸易往来，故行业总数为 8 × 17 = 136 个。

部门；B_{rs}^{ij}为136行136列的里昂惕夫逆矩阵，代表s区域对于r区域的中间投入需求；E_s^j为136行1列的列向量，除区域s部门j的出口需求外，其余均为0。此时的区际增加值率可以转化为如下形式：

$$V_r^i B_{rs}^{ij} E_s^j / \sum_{j=1} E_s^j = V_r^i B_{rs}^{ij} e_s^j \tag{5-17}$$

在进行结构分解时，我们需要回答以下两个问题：一是作为一个国内市场庞大而又十分依赖出口需求的国家，中国制造业的区际增加值率变动究竟多大程度上取决于区际关联与出口需求？二是作为内生能力的重要体现，区际关联因区域个体的不同而存在一定差异。那么，哪些区域之间的分工构成了中国制造业国内价值链整合的关键？厘清以上问题，对于继续深化中国区际分工有着重要的意义。

为此，本章首先按照驱动因素的国内外来源进行分解。具体而言，我们将（5－17）式初步分解为区际关联与出口需求两部分。其中，区际关联是指在出口需求保持不变的情形下，区际关联变动引起的区际增加值率变动大小；出口需求是指在区际关联保持不变的情形下，出口需求变动引起的区际增加值率变动大小。根据（5－18）式中不同部分的数值大小，我们可以判别内外两种因素对于国内价值链整合的影响程度。

$$\Delta(V_r^i B_{rs}^{ij} e_s^j) = \underbrace{c(\Delta V_r^i B_{rs}^{ij})}_{\text{区际关联}} + \underbrace{c(\Delta e_s^j)}_{\text{出口需求}} \tag{5-18}$$

继而，我们进一步按照区际关联的不同类型进行分解。在对区域来源分解时，主要基于增加值的上游来源进行追踪。根据上游地区r与下游地区s的区际关联大小，识别影响s区域的国内价值链整合的关键区域，具体如（5－19）式所示。

$$c(\Delta V_r^i B_{rs}^{ij}) = c\left(\sum_{r=1, r\neq s}^{8} \Delta V_r^i B_{rs}^{ij}\right) \tag{5-19}$$

最后，需要说明的是由于结构分解的路径并不唯一，不同的分解形式得到的各部分数值会存在差异，较好的处理方式是采用所有分解方式的平均值进行分析，代价是分解的因素较多时、运算量极其庞大（Dietezenbacher 和 Los，1998）。为此，本章遵循大多数文献中采用的两极分解法对各个效应进行估算。

5.3 经验分析

5.3.1 中国制造业出口的价值构成

图5-1的结果显示：第一，从制造业出口规模来看，1997年、2002年与2007年，中国制造业出口规模分别为12 951.86亿元、24 043.40亿元与69 733.76亿元。尽管整个观察期内，中国制造业出口规模实现了持续增长，但就增幅而言，两个阶段的发展速度并不一致。加入WTO之前，中国制造业出口增幅为85.64%，而加入WTO之后，增幅则迅速提升至352.77%。这意味着，加入WTO显著提升了中国制造业的出口规模。第二，从国内增加值率来看，1997年、2002年与2007年，中国制造业出口中的国内增加值比率分别为75.92%、69.35%与69.02%。对比三个时点，可以发现中国制造业出口中的国内增加值率呈现近乎“L”形波动。相较于加入WTO之后，加入WTO之前的国内增加值率反而下滑更为迅速。第三，从国内增加值率的构成来看，国内增加值率呈现“L”形的原因可能在于区际分工的扩大。1997~2002年与2002~2007年，制造业出口中的区域增加值率、区际增加值率分别经历了倒“V”形与“V”形波动。加入WTO之前，出口中的区域增加值率上涨了2.21%，区际增加值率上涨了8.78%，此时的国内分工更加偏好于区域内部。而加入WTO之后，随着中国对外开放的深化，出口中的区域增加值率下降了8.20%，区际增加值率上涨了7.87%，此时的国内分工更加倾向于区际之间。

如果按照出口俘获理论，为了更好地迎合价值链主需求、取得更多的出口规模，中国制造往往利用更多的国外投入替代国内投入，这就导致了出口规模与国内增加值率的反向变动。但是，图5-1的结果表明，国内增加值率未因规模的扩张而大幅下滑。恰恰相反的是，在中国制造业出口规

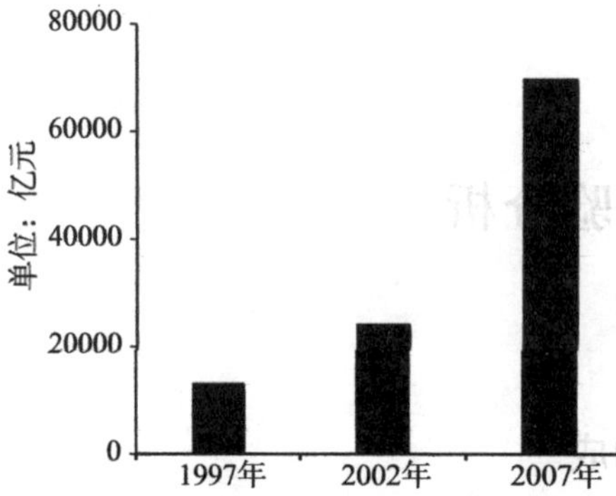

（a）制造业出口规模

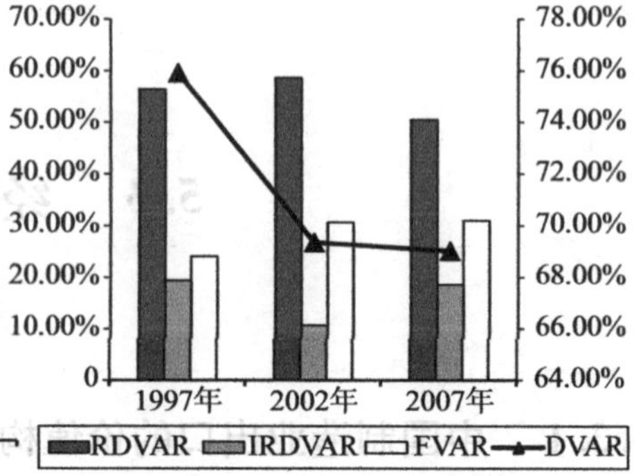

（b）制造业出口的价值构成

图 5－1　中国制造业出口规模与出口中的增加值变动①

模增长相对缓慢的时期，中国制造业出口的国内增加值率反而下滑更为迅速。究其原因，这一特点可能在于国内价值链的推动作用。根据第 4 章的测算，中国区际贸易壁垒大致呈现先上升后下降的变动。这意味着，由于加入 WTO 之前，区域之间的壁垒较高，国内价值链条无法得到有效延伸，单纯借助某一地区的禀赋难以抵抗来自国外的竞争压力，因而这一时期的国内增加值率下降更为迅速。而在加入 WTO 之后，随着区际贸易壁垒的下降，国内价值链占比有所提升，各个地区不仅能够借助自身禀赋，亦能通过区际分工互通有无。因此，加入 WTO 之后国内增加值率的下降滞缓，并不出乎预期。同时，这也表明，相较于区域内部的分工整合，国内价值链的延伸更有助于抑制国内增加值率的下滑、推动国内增加值率的攀升。

5.3.2　不同区域制造业出口的价值构成

虽然国内价值链推动的价值攀升得到了总体层面的经验支撑，但是作为一个内部极度不均衡的发展中大国，不同区域之间存在极大的禀赋与发

① 图 5－1（b）的左侧坐标轴为区域增加值率、区际增加值率或国外增加值率，右侧坐标轴为国内增加值率。

展水平差异。考虑到简单地加总可能掩盖了区域个性，本章进一步基于区域个体进行分析。

图5-2和表5-1的测算结果显示：第一，就制造业出口规模来看，沿海地区的出口扩张更为迅猛。1997~2002年，沿海地区与内陆地区的制造业出口规模增幅分别为85.79%、35.67%，2002~2007年，沿海地区与内陆地区的制造业出口规模增幅分别为626.21%、312.58%。这表明，尽管加入WTO政策推动了各个区域的出口扩张，但是受制地理位置的差异，出口便利化的优势主要为沿海地区所获得。第二，就国内增加值率来看，尽管整个样本期内，沿海地区的国内增加值率多在内陆地区之下，但是随着时间的推移，二者之间的差异呈现收敛之势。1997~2002年，沿海地区的国内增加值率呈现-11.53%~-0.66%的变动，内陆地区的国内增加值率则是-3.50%~-0.91%的变动。相比内陆地区，加入WTO之前沿海地区的国内增加值率下滑更为剧烈。但在加入WTO之后，沿海地区的国内增加值率呈现-6.40%~4.35%的变动，内陆地区的国内增加值率则是-13.21%~-9.00%的变动。相比内陆地区，加入WTO之后沿海地区的国内增加值率下降的趋势有所收敛甚至逆转。第三，就国内增加值类型来看，区际增加值率波动的差异更为突出。对于区域增加值率而言，内陆与沿海地区的波动并无明显差别。加入WTO之前，内陆地区与沿海地区的区域增加值率分别呈现-1.89%~5.70%与-7.47%~3.66%的变动，加入WTO之后则分别是-19.62%~-4.05%与-11.92%~-5.67%的变动。对于区际增加值率而言，尽管加入WTO之前，内陆地区与沿海地区的差异并不突出，两者呈现-9.20%~0.03%与-13.00%~6.81%的变动，但加入WTO之后，内陆地区与沿海地区的区际增加值率分别呈现-4.95%~7.75%与-0.15%~10.96%的变动表明，相比内陆地区，沿海地区制造业出口中的区际增加值率提升更为突出。尤其是南部沿海，区际增加值率提升甚至高达10%以上。

进一步结合出口规模、国内增加值率变动的特征，不难发现，一方面，虽然加入WTO之后沿海地区的出口规模扩张更为迅速，但是沿海地区的国内增加值率并未呈现大幅下滑。另一方面，相比内陆地区，沿海地区的国内价值链延伸更快。因而，得益于国内价值链的快速延伸，沿海地区的国内增加值率下滑迹象有所逆转。

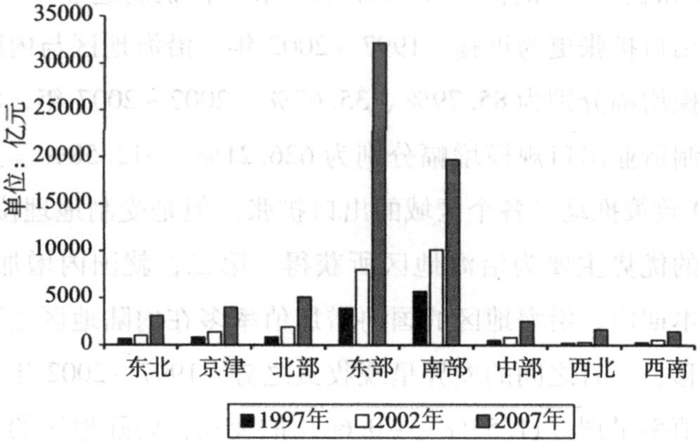

图5－2　不同区域的制造业出口规模

表5－1　不同区域制造业出口中的价值构成　（单位：%）

地区	年份	FVAR	DVAR	RDVAR	IRDVAR
东北	1997	12.61	87.39	69.31	18.08
	2002	16.11	83.89	75.01	8.88
	2007	26.01	73.99	60.97	13.03
京津	1997	35.83	64.17	47.74	16.42
	2002	36.49	63.51	40.27	23.23
	2007	42.32	57.68	34.60	23.08
北部	1997	8.96	91.04	73.87	17.17
	2002	11.60	88.40	72.23	16.17
	2007	18.00	82.00	60.30	21.70
东部	1997	18.27	81.73	59.85	21.89
	2002	29.80	70.20	61.32	8.89
	2007	31.70	68.30	51.25	17.05
南部	1997	33.08	66.92	48.22	18.71
	2002	39.27	60.73	51.88	8.85
	2007	34.92	65.08	45.27	19.81

续表

地区	年份	FVAR	DVAR	RDVAR	IRDVAR
中部	1997	6.49	93.51	75.02	18.48
	2002	7.40	92.60	79.27	13.33
	2007	19.27	80.73	59.65	21.07
西北	1997	8.02	91.98	68.57	23.42
	2002	9.87	90.13	66.68	23.45
	2007	18.88	81.12	62.63	18.49
西南	1997	5.77	94.23	76.10	18.13
	2002	7.41	92.59	80.66	11.93
	2007	20.62	79.38	61.39	17.99

5.3.3　“区域—行业”的扩展分析

鉴于区域个体的分析可能掩盖了行业特性，而单纯地扩展于“区域—行业”层面亦会带来样本繁杂的困扰。考虑到价值俘获已经构成了各个区域出口贸易中的共同难题，本节选择各个区域国内增加值率下降最多的部门作为代表性行业进行分析。

基于表5-2的结果显示：首先，受制于自身禀赋，高技术行业更易成为出口俘获的对象。观察期内，各个区域国内增加值率下降最为迅速的部门主要来自石油化工行业（部门S07）、电子电器设备制造业（部门S12）与其他制造业（部门S13）。根据技术类型划分，此类部门均是高技术行业。与其他行业不同，这类行业对投入品的技术含量与模块化程度要求较高。但对中国制造而言，由于自身的优势多是集中于组装加工环节，“成本洼地”对于高技术行业的核心环节缺乏一定的吸引力，中国高技术行业出口更多地借助加工贸易进行。因而，相比其他行业，高技术行业更易成为出口俘获的部门。其次，国内增加值率的快速下降主要集中于内陆地区。表5-2的结果显示，1997~2007年，沿海地区代表性行业中的国内增加值率呈现6.74%~19.12%的变动，而内陆地区的国内增加值率呈现15.32%~24.14%的变动。相比沿海地区，内陆地区代表性行业面临的出口俘获更为严重。分阶段来看，内陆地区国内增加值率的下降主要集中于加入WTO之后。2002～2007年，内陆地区国内增加值率的下降普遍在15%之上，而沿海地区国内增加值率的下降则相对较低，甚至在南部沿海呈现出了一定的价值攀升。显然，随着对外开放的深化，内陆地区制造业出口经历了更为严峻的价值俘获。最后，进一步区分增加值来源，可以发现价值攀升的主要支撑仍是来自国内价值链。1997～2007年，代表性行业中区域增加值率的变动大致在-21.17%～-6.51%之间，而区际增加值率变动则在-8.46%～2.71%之间，区际增加值率的负向变动不仅低于区域增加值率，甚至在京津地区与北部沿海中呈现正向变动。而分阶段来看，这种提升主要集中于加入WTO之后。加入WTO之前，不同样本的区域增加值率与区际增加值率变动幅度大小并不一致；但加入WTO之后，除京津.S07外，其他样本的区际增加值率变动均优于区域增加值率。这意味着，尽管中国高技术行业并不具备面向全球的竞争优势，但是依靠区际分工整合，亦可最大限度地降低价值受损程度。

表5-2　不同区域代表性部门的国内增加值率构成　（单位：%）

时期	RVAR变动			DVAR变动			IRVAR变动		
	1997～2007年	1997～2002年	2002～2007年	1997～2007年	1997～2002年	2002～2007年	1997～2007年	1997～2002年	2002～2007年
东北.S07	-21.62	-4.43	-17.19	-6.12	-4.53	-1.59	-15.51	0.10	-15.60
京津.S07	-19.12	-6.66	-12.46	2.05	10.54	-8.49	-21.17	-17.20	-3.97
北部.S07	-13.54	-3.30	-10.25	2.71	-0.08	2.80	-16.26	-3.21	-13.05
东部.S12	-16.96	-14.66	-2.30	-8.46	-14.61	6.15	-8.51	-0.05	-8.46
南部.S13	-6.74	-9.62	2.88	-0.23	-12.18	11.95	-6.51	2.56	-9.07
中部.S07	-15.32	0.10	-15.42	-0.04	-4.20	4.16	-15.28	4.30	-19.58
西北.S12	-24.14	-5.00	-19.14	-3.14	0.60	-3.73	-21.00	-5.60	-15.40
西南.S07	-16.37	-1.11	-15.26	-2.08	-6.54	4.46	-14.30	5.43	-19.73

结合以上整体、区域与行业视角的分析，可以发现虽然中国制造业出口中的增加值面临不断衰减的困境，但受益于区际分工的深化，国内价值链已经成为沿海地区、高技术行业维系出口利得、推动价值攀升的重要方式。这意味着在对接全球价值链的过程中，我们不能仅仅关注区域内部的

价值链条，更应侧重区际之间的国内价值链条。

5.4　国内价值链整合的驱动因素

虽然国内价值链已经构成中国制造维系出口利得的重要方式，但是各个区域制造业出口中的区际增加值率仍然存在一定的差异。在此背景下，我们有必要采用一个能够刻画国内价值链的分析方法，厘清影响国内价值链整合的主要驱动因素。鉴于此，本章采用 MRIO – SDA 分析各因素对区际增加值率变化的贡献以及背后的经济机理，为今后中国制造区际分工的进一步推进提供政策思路。考虑到区际分工整合主要取决于区域自身，单纯地基于总体分解将会高估区域个体的价值链整合能力，因而我们将结构分解运用于区域而非国家整体层面。

5.4.1　主要影响因素的识别

本部分首先按照国内与国外影响因素的分解，识别影响国内价值链条变动的主要环节。图 5 – 3 的结果显示，区际关联变动（VB）主导了国内价值链的整合，出口需求变动（e）对于价值链的影响则相对微弱。

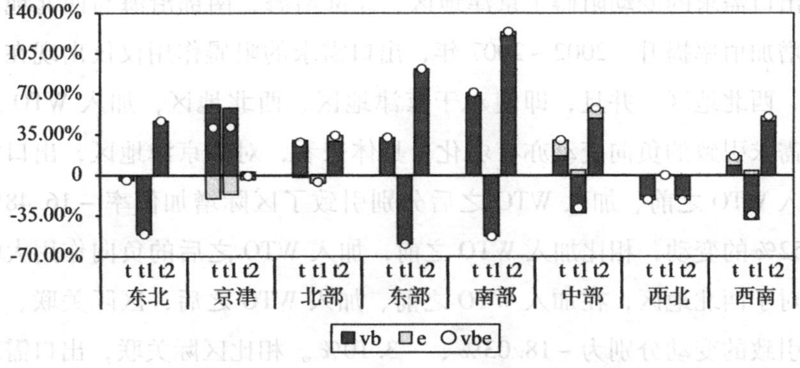

注：t、t1、t2 分别代表 1997 ~ 2007 年、1997 ~ 2002 年与 2002 ~ 2007 年。

图 5 – 3　基于区域层面的结构分解分析

整体而言，出口需求并未成为阻碍区际增加值率提升的主导因素。就影响规模来看，1997～2007年，出口需求变动引致的力度规模主要集中于0.09%～20%之间，区际关联变动引致的力度规模则集中于4.43%～60.83%之间。除西南地区的出口需求稍强于区际关联外，其余地区中出口需求的影响力度都是弱于区际关联。而进一步地对比影响力度来看，出口需求的作用呈现两极分化。出口需求推动了东北地区、东部沿海、南部沿海、中部地区与西南地区的国内价值链整合，却阻碍了京津地区、北部沿海与西北地区的国内价值链整合。不过，就负向作用而言，出口需求的阻力作用并不突出。除去京津地区外，出口需求对于北部沿海、西北地区的阻碍作用均弱于区际关联。由于京津地区作为国家的政治中心，自身产业体系受到的政策性照顾相对较多。长期的政策偏向，不仅强化了首都地区与其他区域的分工关联，还可弱化自身参与全球分工的竞争能力。因而，除去政策性惠及的京津地区，出口需求对于国内价值链整合的阻碍作用并不突出，甚至在一定程度上推动了国内价值链的整合。

分阶段来看，出口需求亦未成为阻挡国内价值链整合的主导因素。就力度规模而言，八大区域中，仅有北部沿海的需求力度规模高于区际关联。而加入WTO之后，随着中国嵌入全球价值链的深化，区域中出口需求的力度规模都呈现出弱于区际关联的特点。就影响力度而言，出口需求则呈现出了负向作用不断弱化、拉动作用不断凸显的趋势。1997～2002年，出口需求的变动阻碍了京津地区、北部沿海、南部沿海与西北地区的区际增加值率提升。2002～2007年，出口需求的阻碍作用仅仅出现在京津地区、西北地区。并且，即使对于京津地区、西北地区，加入WTO之后出口需求引致的负向变动亦有弱化。具体来看，对于京津地区，出口需求在加入WTO之前、加入WTO之后分别引致了区际增加值率－16.48%与－3.52%的变动，相比加入WTO之前，加入WTO之后的负向作用大幅下降。对于西北地区，在加入WTO之前、加入WTO之后，区际关联、出口需求引致的变动分别为－18.03%、－3.10%。相比区际关联，出口需求的负向作用十分微弱。这就意味着即使在出口规模扩张的时期，出口需求亦未引致区际增加值率的大幅下降。

结合以上变动事实，本书认为当前的国内价值链条整合主要取决于区际关联。作为外部因素的出口需求，对于区际分工的整合作用不仅相对微弱，甚至在一定程度上推动了部分区域的区际分工的深化。因此，传统的出口俘获可能并不符合区际分工事实，难以有效指引当前的区际价值攀升，我们有必要基于区际关联，继续剖析导致区际困境的内部原因。

5.4.2 扩展分析

根据双边关系，我们可以将区域间的关联初步拆分为 8×8 条路径。其中，横向代表供给来源，纵向代表需求引致。利用每列区际关联变动中对应的横向数值，我们可以追踪影响不同地区区际关联变化的主要因素。

结果显示：邻近性已经成为区际增加值率提升的主要影响因素。1997～2007 年，区际关联的增幅多是来自临近群体。其中，东北地区、北部沿海、京津地区与南部沿海的区际关联增幅最多的区域来源分别是西北地区、北部沿海、京津地区与南部沿海。由于相邻地区的采购成本相对较低，因而在市场分割依然存在、跨区要素流动相对困难的情形下，邻区采购逐步成为应对市场分割的次优战略。分阶段来看，邻区供给的特性呈现不断强化的迹象。加入 WTO 之前，仅有北部沿海、中部地区、西北地区与西南地区的区际关联呈现出了邻近性特点。其中，中部地区、东部沿海、西南地区与南部沿海分别成为上述样本区际关联增幅最多的供给来源。而加入 WTO 之后，邻近性的特点更为凸显。其中，北部沿海构成了东北地区、京津地区、中部地区与西北地区的主要供给来源，西北地区构成了北部沿海与西南地区的供给来源，东部沿海构成了南部沿海的主要供给来源，中部地区构成了东部沿海的主要供给来源。相比其他地区，邻区众多的北部沿海逐步成为区际关联增幅最多的供给来源。

京津地区与西北地区的极化作用正在凸显。尽管市场分割已经成为要素流通的重要障碍，但这并不意味着相邻性已经成为强化区际关联的唯一标准。整个观察期内，作为上游供给来源，除京津地区、西北地区与其他地区的区际关联都在强化之外，其他样本之间的变动方向并不一致。这就意味着，就变动方向而言，京津地区与西北地区的供给中心地位逐步强化。分阶段来看，供给中心的极化作用主要集中于加入 WTO 之后。1997～2002 年，区际关联的供给强化主要来自南部沿海。这一时期，南部沿海通过上游供给，强化了与东北地区、东部沿海之外其他区域的区际关联。而京津地区与西北地区则仅仅通过上游供给，强化了与单个邻近区域的区际关联。不过随着加入 WTO，京津地区、西北地区的供给优势愈发明显。2002～2007 年，北部沿海、京津地区、西北地区通过上游供给强化了与所有样本的区际关联。尽管北部沿海对于其他地区的供给强化符合相邻原则，然而，邻区偏少的京津地区、西北地区的供给优势却在违背这一特点。究其原因，本书认为这一特征主要在于政策调度。一方面，作为国家的政治行政中心，京津的基础设施较为便利，因而随着国内市场的不断整合，其他地区可以以较低的成本采购来自京津地区的资源。另一方面，由于西北地区偏居内陆，长期的市场分割与地理劣势使其禀赋资源无法得到有效利用。不过，伴随着西部大开发的政策推进，西部地区的资源产品正被源源不断地运往全国各地。因而，京津地区与西北地区的供给中心并非市场整合的结果，而是进一步表明，受制于市场分割，政策调度可能已经成为克服流通壁垒的重要补充。

东部沿海、南部沿海与其他地区的供给不断弱化。作为我国改革开放的前沿，东部地区的率先开放从一开始就肩负着双重历史使命：在与全球价值链对接、实现优先发展的同时，构建沿海与内陆之间的价值链条，将国际先进技术在国内转移，带动中西部地区共同发展（张少军，2013）。但是，表 5－3 的结果显示，东南沿海并未有效履行其历史使命。1997～2007 年，东部沿海对于京津地区之外其他区域的供给都在负向衰减。而分阶段来看，无论是在加入 WTO 之前还是加入 WTO 之后，东部沿海都是引致其他地区区际关联负向变动最多的供给来源。究其原因，这一特点可能在于市场分割。由于邻区偏少而又缺乏政策调度，东部沿海很难克服区际壁垒，形成供给国内市场的专业化分工。而随着出口壁垒的降低、外贸优势的凸显，濒临海洋的东部沿海拥有着更多的出口激励。这就使得东部沿海更多地涌入出口市场，逐步脱离了区际关联。不过，需要注意的是，受制于内需的不足，过度利用外需的东部沿海面临着买方俘获的挑战。而一旦东部沿海无法突破这种阻力，其他地区的发展势必受到挤压。因此，市场分割不仅弱化了沿海地区的区际供给，更使中国制造面临攀升动力不足的风险。

表 5-3　　基于区域层面的变动分解　　（单位:%）

时期	区域	东北	京津	北部	东部	南部	中部	西北	西南
1997~2007 年	东北	0.00	13.94	3.80	1.58	6.70	7.99	1.49	6.65
	京津	2.91	0.00	13.14	0.41	0.84	2.11	0.62	1.00
	北部	-12.38	25.85	0.00	-18.58	-5.50	-10.14	-4.14	-8.80
	东部	-14.51	2.35	-13.11	0.00	-1.50	-3.79	-6.27	-8.64
	南部	1.68	11.18	4.93	-4.75	0.00	3.15	4.45	11.34
	中部	-12.70	-1.94	4.23	-7.95	-6.19	0.00	-13.35	-16.65
	西北	6.03	7.92	10.76	7.11	9.10	4.61	0.00	7.49
	西南	0.87	2.71	4.55	0.02	1.49	-1.02	-1.26	0.00
	加总	-28.11	62.02	28.29	-22.16	4.94	2.91	-18.45	-7.62
1997~2002 年	东北	0.00	16.95	-1.32	-4.50	-1.07	-1.55	2.68	1.85
	京津	-1.58	0.00	3.35	-2.37	-1.18	-2.04	-2.47	-1.04
	北部	-22.56	15.62	0.00	-23.94	-13.70	-23.00	-9.49	-14.16
	东部	-14.80	7.26	-8.11	0.00	-12.49	2.50	-1.38	-7.37
	南部	-1.37	9.75	2.45	-6.00	0.00	1.21	7.47	3.78
	中部	-13.01	4.13	4.21	-18.49	-17.09	0.00	-6.16	-17.45
	西北	0.49	-0.24	-2.41	-1.65	-1.87	-6.16	0.00	-3.86
	西南	1.87	4.48	2.63	-2.47	-4.66	-2.81	8.96	0.00
	加总	-50.96	57.96	0.80	-59.42	-52.05	-32.41	-0.40	-38.25
2002~2007 年	东北	0.00	-3.02	5.11	6.08	7.76	9.53	-1.19	4.80
	京津	4.49	0.00	9.78	2.78	2.02	4.15	3.09	2.04
	北部	10.18	10.23	0.00	5.36	8.20	13.43	5.36	5.37
	东部	0.29	-4.91	-5.00	0.00	10.99	-6.29	-4.89	-1.27
	南部	3.05	1.44	2.48	1.25	0.00	1.94	-3.02	7.56
	中部	0.30	-6.06	0.01	10.53	10.90	0.00	-7.19	0.80
	西北	5.54	8.15	13.17	8.76	10.97	10.77	0.00	11.35
	西南	-1.00	-1.77	1.92	2.49	6.15	1.79	-10.22	0.00
	加总	22.85	4.06	27.49	37.25	56.99	35.32	-18.06	30.63

5.5 本章小结

随着增加值贸易核算的推进，中国制造业出口中的低端俘获日益受到广泛关注。尽管围绕这一议题，现有研究立足出口方面，进行了较为丰富的论证，不过，由于现有研究过度侧重于国家总体层面，这将导致区域内部的原因难以刻画。有鉴于此，本章结合国内地区发展并不均衡的事实，利用增加值贸易与结构分解技术，率先论证了国内价值链整合对于中国制造业出口国内价值含量变动的影响与机制。研究发现。

①中国制造业出口未因出口规模的急速增长而大幅下降。测算结果显示，中国制造业出口快速增长主要来自加入 WTO 之后，而制造业出口中的国内增加值率下降则集中于加入 WTO 之前。相比加入 WTO 之前 6.57% 的快速下降，加入 WTO 之后的国内增加值率仅仅减少了 0.33%。近乎“L”形的变动特征表明，中国制造业出口似乎正在摆脱盲目追求出口规模、大幅降低出口利得的发展陷阱。究其原因，这一特点主要在于国内价值链的延伸。由于加入 WTO 之前，出口中的国内分工主要侧重于区域内部，而加入 WTO 之后的国内分工更加偏好于区际之间。因而，通过区域之间的市场整合，中国制造业出口正在借助国内价值链条的延伸，推动价值攀升，扭转出口利得不断恶化的不利局面。

②从不同区域来看，国内价值链对沿海地区价值攀升的作用更为凸显。尽管不同区域的出口规模扩张同样集中于加入 WTO 之后，但是国内增加值率下降的收敛趋势却是集中于沿海地区。1997~2002 年，沿海地区的国内增加值率呈现 -11.53%~ -0.66% 的变动，内陆地区的国内增加值率则是 -3.50%~ -0.91% 的变动。相比内陆地区，加入 WTO 之前沿海地区的国内增加值率降幅更为剧烈。但在 2002~2007 年，沿海地区的国内增加值率呈现 -6.40%~4.35% 的变动，内陆地区的国内增加值率则是 -13.21%~ -9.00% 的变动。通过增加值来源的区分，本章发现，这一差

异同样来自区际增加值率变动。得益于加入WTO之后，区际增加值率的提升，沿海地区更多地借助国内价值链条进行国际竞争，从而减缓甚至逆转出口利得受损的发展趋势。并且，即使扩展至“区域—行业”层面，国内价值链推动价值攀升的结论亦未动摇。

③利用结构分解，本章进一步探讨了影响区际价值攀升的主要机制。结果显示，从力度规模来看，整个观察期内，除西南地区外，出口需求带来的波动范围明显弱于区际关联。从变动方向来看，出口需求仅仅引致了京津地区、北部沿海与西北地区的区际增加值率下降，却带动了其他地区的区际增加值率提升。并且，除去京津地区外，出口需求引致的负向变动都在区际关联之下。这意味着，出口需求对区际增加值率的影响微乎其微，国内价值链的整合主要来自区际关联。

④鉴于区际关联已经构成了影响国内价值链整合的主导因素，本章进一步追踪了导致区际关联变动的关键环节。结果显示，受制于市场分割，区域间的商品（服务）调度十分困难，邻区采购已经成为强化区际分工的主要方式。而得益于政策因素，京津地区与西北地区的供给优势亦在凸显。不过，由于邻区偏少与政策缺失的双重阻碍，东部沿海对其他地区的供给却在弱化，逐步成为区际关联的“断裂地带”。因而，进一步利用国内价值链推动价值攀升，需要深化东部沿海与其他地区之间的供给联系。

第 6 章

国内价值链与中国制造业出口的服务化转型

6.1　引言

尽管第5章的结果表明，国内价值链的发展可以有效推动价值攀升，但是价值攀升并不意味着中国制造真正实现了“由大到强”的转变。这是因为，按增加值类型的不同，区际增加值可以粗略分为初级产品、制成品[①]与服务三种类别。而相比其他类型，服务投入的价值创造十分突出。服务投入不仅黏合了更多的高级生产要素、延长了国内生产环节，同时有效提高了国内行业的生产效率，已经成为众多发达国家的必经之路（刘志彪，2008；戴翔，2016）。如同大量的案例分析所示，企业竞争优势的获得对加工制造环节的依赖性正在逐渐减少，越来越多的类似IBM、苹果与汉斯公司，正在借助投入服务化走向更为高附加值的生产区域（刘斌，2016）。而作为全球最大的商品出口国，中国制造却呈现长期依赖组装加工、国内服务投入不足的发展特点。根据OECD - ICIO（2015）的测算，可以发现，无论是相比主要发达经济体还是发展中国家，中国的国内服务增加值占比都是相对偏低的。那么，作为中国制造转型的重要战略，国内价值链是否推动了中国制造的服务化转型？

就区际分工而言，中国制造的服务化转型可能面临挑战与机遇并存的双重格局。一方面，由于政治晋升中的零和博弈，地区之间的发展存在“以邻为壑”的导向。伴随着国内销售成本的上升，众多工业企业被迫选择了“出口替代内销”的发展道路（张杰等，2009）。但在自身禀赋相对受限而又缺少区际分工协作的情形下，单独的区域价值链条往往无法应对来自全球价值链主的低端锁定，这就导致了区域个体纷纷选择组装加工模

① 需要说明的是，按照国内统计口径，服务业一般是指部门S16到部门S17，工业一般是指部门S03到部门S14。考虑到部门S14与部门S15提供的产品虽然偏向于有形商品范畴，但是并非一般意义上的制造业。因此，我们将定义出制造业与制成品部门进行区分，具体而言按照中间投入的形态将部门S01到部门S02定义为初级产品部门，将部门S03到部门S13定义为制造业，将部门S03到部门S15定义为制成品部门，将部门S16到部门S17定义为服务部门。

式，竞相涌入低端俘获的泥沼。另一方面，得益于多年的改革开放，沿海地区不仅集聚了大量的高端装备行业与生产性服务部门，同样吸引了众多的外资企业，东部沿海的区际分工已经具备强化国内服务投入的潜力。通过区际分工，东部地区可以率先走向生产性服务环节，中西部地区则专注于组装加工与材料的供应。差异化的分工，不仅为中西部的产业升级腾出更多的空间，避免集体陷入低价竞争的恶性循环，而且可将东部地区多年的出口经验外溢于中西部地区，带动价值链条的生产技术升级。同时，在抱团嵌入全球生产网络的过程中，区域亦可利用庞大的内部需求获取“本地市场效应”，提升本地产业的竞争实力。因此，我们有必要基于国内价值链的分工特征，进一步考察国内价值链中的要素增幅类型。不过，稍显遗憾的是，尽管已有研究在中国制造业服务化转型方面进行了较为深入的探讨，但是由于国内价值链视角的缺失，未有研究考察全球价值链下，不同区域间的分工协作对服务化转型的影响。主要经济体制造业出口中的国内服务增加值率比较如图 6－1 所示。

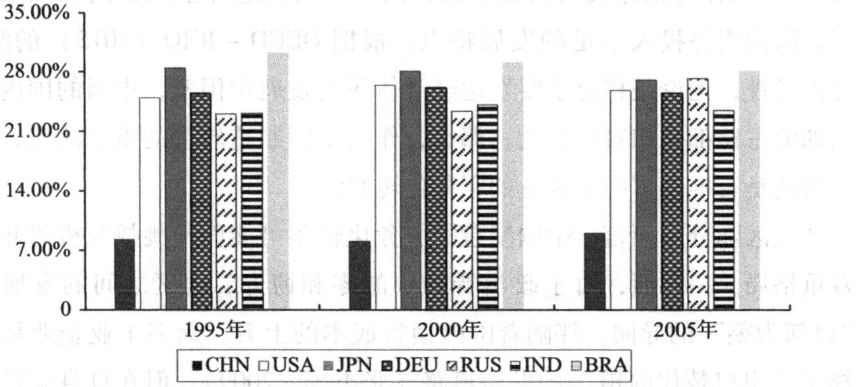

注：数据来自 OECD－ICIO 与本章的测算模型。

图 6－1　主要经济体制造业出口中的国内服务增加值率比较

有鉴于此，本章试图在以下方面进行拓展。一是基于对代表性文献的拓展和应用，建立国内价值链引导服务化转型的分析框架。采用能够追踪增加值率变动、捕获生产技术异质性的多区域投入产出模型，首次在增加值类型层面考察了市场分割下中国制造业出口中的国内价值链动态变迁，以更加全面、合理地捕获国内价值链对中国制造转型的影响。二是利用1997年、2002年、2007年区域间的投入产出表，基于分工职能、分工获益、分工禀赋与错配程度等多重维度，对比分析了国内价值链的分工特点，追寻了导致区际分工变动的深层原因。不同于以往文献，本章发现服务供给不足仅是东部沿海背离国内市场分工的表象，区域间的市场分割才是导致东部沿海脱离国内市场、过度嵌入全球价值链的深层原因。因而，单纯地考虑出口俘获并不契合中国制造业的发展现实，未来的中国制造更需强化国内市场整合，这样才能摆脱低端俘获的困扰（见图6-2）。

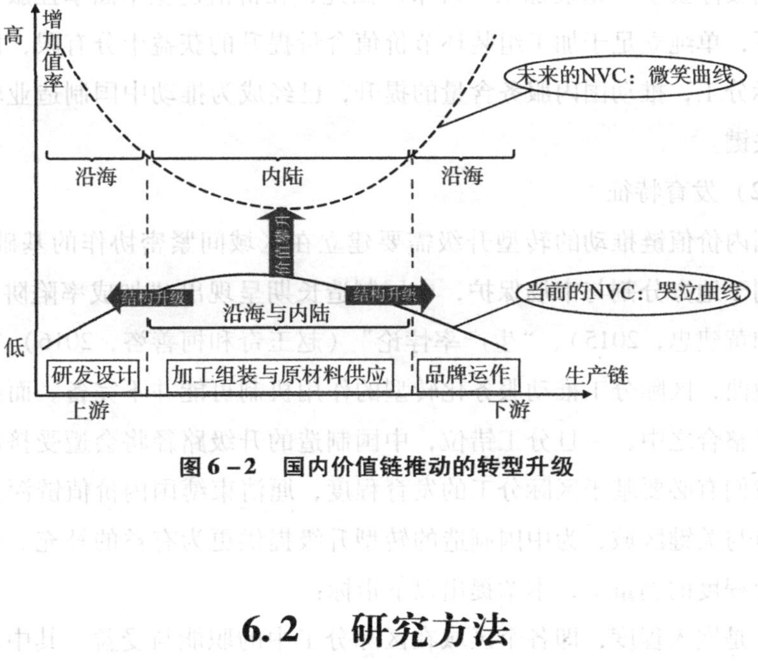

图6-2　国内价值链推动的转型升级

6.2　研究方法

6.2.1　主要指标

（1）服务化转型

虽然区际分工可以推动国内增加值率的提升，推动单位出口产品的价值攀升，然而价值攀升并不意味着服务化转型。这是因为按照增加值类型来看，当前的中间投入可以粗略分为初级产品、制成品与服务类别。无论是哪类国内投入份额的上涨，都可推动价值含量的提升。但是伴随着服务经济时代的来临，全球价值链中 2/3 以上的价值份额来自服务环节创造（刘斌和王乃嘉，2016），服务化转型已经成为制造业发展中不可或缺的一环。因而，越来越多类似 IBM、APPLE 的制造业企业，正在借助垂直专业化分工，通过专注服务投入、外包组装加工环节，进入了价值链中的高端环节。不过，作为全球价值链主，出于维系自身利润的考虑，发达国家不仅长期占据着服务投入的高端环节，还利用自身的优势遏制后发国家，使其长期被俘获于“组装加工”环节。因此，在价值链主牢固掌控服务环节背景下，单纯立足于加工组装环节价值含量提升的获益十分有限，能否利用区际分工，推动国内服务含量的提升，已经成为推动中国制造业转型升级的关键。

（2）发育特征

国内价值链推动的转型升级需要建立在区域间紧密协作的基础之上，但受制于地方分割与市场保护，中国制造长期呈现出“加成率陷阱”（刘啟仁和黄建忠，2015）、“生产率悖论”（赵玉奇和柯善咨，2016）等资源配置扭曲，区际分工推动服务化转型的作用机制可能并不完备。而在国内价值链整合之中，一旦分工错位，中国制造的升级路径将会遭受挤压。因此，我们有必要基于区际分工的发育程度，厘清束缚国内价值链深化的关键环节与关键区域，为中国制造的转型升级提供更为有益的补充。在价值链发育程度的测量上，本章提出以下指标：

一是嵌入程度，即各个区域在区际分工中的职能与受益。其中，前者是指区际增加值的供给份额，后者是指区际增加值的需求引致。作为制造业发展的重要导向，国内价值链并非区域个体内部的生产活动，而是个体之间利用差异化有梯度的分工来推动服务化转型，逐步摆脱价值链主的低端俘获的生产协作。因而，认识中国制造转型升级的区域动力，需要厘清不同区域的分工职能与分工受益。二是错位程度，即各个地区嵌入程度与理想状态的偏离。由于各个地区需要按照自身的禀赋优势进行专业化协作，区际嵌入程度是否合理不能凭空臆断。我们按照不同活动中的主要投入类型，构造衡量地区参与分工的禀赋优势指标，以期为寻找影响区际分工深化的关键区域提供依据。

6.2.2　测算模型

（1）区域间投入产出模型

鉴于转型升级需要兼顾价值攀升与投入变动，本章基于 Timmer 等（2014）增加值贸易的范式进行增加值来源追踪。考虑到区域间投入产出模型是基于国内多个区域、部门的中间产品、最终产品往来的测度，为了便于理解，本书假设一个国家只存在三个区域、三个生产部门，上标 1、2、3 分别为提供初级产品、制成品与服务的部门，下标 s、r、t 分别代表区域。

定义中间投入系数矩阵为 $\boldsymbol{A}$，行业产出向量为 $\boldsymbol{X}$，地区间最终需求矩阵为 $\boldsymbol{Y}$，出口需求矩阵为 $\boldsymbol{E}$，误差项矩阵为 $\boldsymbol{ERR}$，中间品进口向量为 $\boldsymbol{IM}$，增加值向量为 $\boldsymbol{Va}$。根据投入产出表的平衡性，从行向来看，存在：

$$\boldsymbol{X} = \boldsymbol{AX} + \boldsymbol{Y} + \boldsymbol{E} + \boldsymbol{ERR} \tag{6-1}$$

如果将 $\boldsymbol{B}$ 记为里昂惕夫完全需求矩阵，此时总产出可以表示为：

$$\boldsymbol{X} = (\boldsymbol{I} - \boldsymbol{A})^{-1}(\boldsymbol{Y} + \boldsymbol{E} + \boldsymbol{ERR}) = \boldsymbol{B}(\boldsymbol{Y} + \boldsymbol{E} + \boldsymbol{ERR}) \tag{6-2}$$

而就列向来看，总投入亦可存在类似的恒等关系：

$$\boldsymbol{X} = \boldsymbol{AX} + \boldsymbol{IM} + \boldsymbol{VA} \tag{6-3}$$

值得注意的是，由于区域间投入产出表未将国外市场作为单独个体嵌入其中，因此我们参照苏庆义（2016）的处理方式，将进口中间品数额作为来自国外的增加值处理。定义增加值总量为 $\boldsymbol{TVA}$（*Total Value Added*），则增加值可以表示为来自国内与来自国外的增加值的加总：

$$\boldsymbol{TVA} = \boldsymbol{VA} + \boldsymbol{IM} \tag{6-4}$$

其中，国内增加值 $\boldsymbol{VA}$ 与进口增加值 $\boldsymbol{IM}$ 可以分别表示为增加值系数与行业产出的乘积：

$$\boldsymbol{Va} = \boldsymbol{V\#X}\text{①} \tag{6-5}$$

$$\boldsymbol{IM} = \boldsymbol{M\#X} \tag{6-6}$$

（2）增加值贸易核算

按照 *Lau*（2007）的数理化证明，一国的增加值可以分为国内增加值与国外增加值：

$$\boldsymbol{VB} + \boldsymbol{MB} = \mu \quad \mu = [1,1,\cdots,1] \tag{6-7}$$

根据这一原则，本章将出口总额初步拆分为国内增加值与国外增加值：

$$\mu\hat{\boldsymbol{V}}\boldsymbol{B}\hat{\boldsymbol{E}} + \mu\hat{\boldsymbol{M}}\boldsymbol{B}\hat{\boldsymbol{E}} = \mu\hat{\boldsymbol{E}}\text{②} \tag{6-8}$$

考虑到本章关注的焦点为“区域—部门”层面的增加值贸易，本章须将（6－8）转化为6×6的矩阵形式。具体如（6－9）式所示。

$$\begin{bmatrix} E_s^1 \\ \cdots \\ E_t^3 \end{bmatrix}^T = \begin{bmatrix} 1 \\ \cdots \\ 1 \end{bmatrix}^T \begin{bmatrix} V_s^1 & \cdots & 0 \\ \cdots & \cdots & \cdots \\ 0 & \cdots & V_t^3 \end{bmatrix} \begin{bmatrix} B_{ss}^{11} & \cdots & B_{st}^{13} \\ \cdots & \cdots & \cdots \\ B_{ts}^{31} & \cdots & B_{tt}^{33} \end{bmatrix} \begin{bmatrix} E_s^1 & \cdots & 0 \\ \cdots & \cdots & \cdots \\ 0 & \cdots & E_t^3 \end{bmatrix} + \begin{bmatrix} 1 \\ \cdots \\ 1 \end{bmatrix}^T \begin{bmatrix} M_s^1 & \cdots & 0 \\ \cdots & \cdots & \cdots \\ 0 & \cdots & M_t^3 \end{bmatrix} \begin{bmatrix} B_{ss}^{11} & \cdots & B_{st}^{13} \\ \cdots & \cdots & \cdots \\ B_{ts}^{31} & \cdots & B_{tt}^{33} \end{bmatrix} \begin{bmatrix} E_s^1 & \cdots & 0 \\ \cdots & \cdots & \cdots \\ 0 & \cdots & E_t^3 \end{bmatrix} \tag{6-9}$$

以地区 s 制造业出口 E_s^2 为例：按照来源地的不同，E_s^2 主要包括国内增加值（*Domestic Value Added*，*DVA*）$\sum_{r=1}^{3}\sum_{i=1}^{3} V_r^i B_{rs}^{i2} E_s^2$ 与国外增加值（*Foreign Value Added*，*FVA*）$\sum_{r=1}^{3}\sum_{i=1}^{3} M_r^i B_{rs}^{i2} E_s^2$ 两大类别；进一步考虑到国内存在区域的划分，国内增加值 DVA 又可分为来自区域内的增加值（*Regional Value Added*，*RVA*）$\sum_{i=1}^{3} V_s^i B_{ss}^{i2} E_s^2$ 与来自区域外的增加值（*Interregional Value Added*，*IRVA*）$\sum_{r\neq s}^{3}\sum_{i=1}^{3} V_r^i B_{rs}^{i2} E_s^2$。

① “#”代表矩阵中的对应元素相乘。

② 上标代表对角化处理。

$$E_s^2 = \underbrace{\sum_{r=1}^{3}\sum_{i=1}^{3} V_r^i B_{rs}^{i2} E_s^2}_{DVA} + \underbrace{\sum_{r=1}^{3}\sum_{i=1}^{3} M_r^i B_{rs}^{i2} E_s^2}_{FVA}$$

$$= \underbrace{\sum_{i=1}^{3} V_s^{\ i} B_{ss}^{i2} E_s^2}_{区域价值链} + \underbrace{\sum_{r \neq s}^{3}\sum_{i=1}^{3} V_r^i B_{rs}^{i2} E_s^2}_{区际价值链} + \underbrace{\sum_{r=1}^{3}\sum_{i=1}^{3} V_r^i B_{rs}^{i2} E_s^2}_{全球价值链} \tag{6-10}$$

同样，基于增加值部门来源的不同，出口总额内含的增加值亦可分为来自初级产品增加值（*Primary Value Added*，*PVA*）$\sum_{r=1}^{3}\sum_{i=1}^{3} V_r^1 B_{rs}^{12} E_s^2 + \sum_{i=1}^{3} V_r^1 B_{rs}^{12} E_s^2$、制成品增加值（*Industry Value Added*，*IVA*）$\sum_{r=1}^{3}\sum_{i=1}^{3} V_r^2 B_{rs}^{22} E_s^2 + \sum_{i=1}^{3} M_r^2 B_{rs}^{22} E_s^2$ 与服务增加值（*Service Value Added*，*SVA*）$\sum_{r=1}^{3}\sum_{i=1}^{3} V_r^3 B_{rs}^{32} E_s^2 + \sum_{i=1}^{3} V_r^{\ 3} B_{rs}^{32} E_s^2$。

$$E_s^2 = \underbrace{\sum_{r=1}^{3}\sum_{i=1}^{3} V_r^1 B_{rs}^{12} E_s^2 + \sum_{i=1}^{3} V_r^1 B_{rs}^{12} E_s^2}_{PVA} + \underbrace{\sum_{r=1}^{3}\sum_{i=1}^{3} V_r^2 B_{rs}^{22} E_s^2 + \sum_{i=1}^{3} M_r^2 B_{rs}^{22} E_s^2}_{IVA}$$

$$+ \underbrace{\sum_{r=1}^{3}\sum_{i=1}^{3} V_r^3 B_{rs}^{32} E_s^2 + \sum_{i=1}^{3} V_r^3 B_{rs}^{32} E_s^2}_{SVA} \tag{6-11}$$

在增加值贸易的基础上，通过构建如下指标对国内价值链的发育现状进行解析。

一是服务化转型。根据增加值类型的不同，中间投入可以分为初级产品、制成品与服务三大类别。由于以上三种投入的增长均可推动区际增加值率的提升，我们需要进一步根据不同增加值类型的增幅程度，判别当前价值链分工的嵌入导向。具体而言，在制造业出口 E_s^2 中，我们可以分别将区际初级产品含量（*Interregional Primary Value Added Ratio*，*IRPVAR*）、区际制成品含量（*Interregional Industrial Value Added Ratio*，*IRIVAR*）与区际服务含量（*Interregional Service Value Added Ratio*，*IRSVAR*）表示为如下等式：

$$IRPVAR = \sum_{r \neq s}^{3} V_r^1 B_{rs}^{12} E_s^2 / E_s^2 \tag{6-12}$$

$$IRIVAR = \sum_{r \neq s}^{3} V_r^2 B_{rs}^{22} E_s^2 / E_s^2 \tag{6-13}$$

$$IRSVAR = \sum_{r \neq s}^{3} V_r^3 B_{rs}^{32} E_s^2 / E_s^2 \tag{6-14}$$

利用（6-12）式~（6-14）式中的增加值变动程度，我们可以识别国内价值链的增幅导向。

二是嵌入程度。本章着重从分工职能与分工受益角度进行嵌入程度的刻画。其中，分工职能主要刻画了区域在国内价值链中的供给角色，分工受益主要刻画了国内价值链中的需求角色。以地区 s 制造业部门出口中内含的区际服务为例。

分工职能可以表示为区域 s 为其他区域出口所输出的服务与所有地区为其他区域出口所输出服务的比值：

$$Pro\_S_s = \sum_{s \neq r}^{3} V_s^3 B_{sr}^{32} E_r^2 / \sum_{s=1}^{3} \sum_{s \neq r}^{3} V^3 B_{sr}^{32} E_r^2 \tag{6-15}$$

分工受益可以表示为区域 s 出口所内含的其他区域服务与所有地区出口所内含的他区域服务的比值：

$$Con\_S_s = \sum_{r \neq s}^{3} V_r^3 B_{rs}^{32} E_s^2 / \sum_{r=1}^{3} \sum_{r \neq s}^{3} V_r^3 B_{rs}^{32} E_s^2 \tag{6-16}$$

三是错位程度。为了测度市场分割下的分工错位，首先，我们需要量化不同地区的禀赋优势。考虑到行业禀赋尚无统一指标，我们主要利用生产活动中的主要投入类型进行量化替代。在初级产品方面，我们主要利用本地区能源生产总量与能源消费总量的差额来衡量初级产品的丰裕程度。在制成品方面，由于我国制造业的比较优势仍然集中于劳动密集型行业（张禹和严兵，2016）、实施国内价值链的目的在于充分利用内陆地区的低廉劳动成本，本章选择地区在全国 15~64 岁人口群体的份额进行衡量。在服务方面，由于服务化转型并非简单地提升服务投入比例，而是充分利用先进生产性服务业带动制造升级的过程。因此，本章选择地区在全国专利申请总量中的份额，衡量服务业发展的程度。具体而言，以地区 i 的禀赋优势为例，令 En、Lab、Pa 分别代表能源、劳动力与专利，则初级产品丰裕程度（FA_P）、制成品的丰裕程度（FA_I）与服务丰裕程度（FA_S）可以表示为如下形式：

$$FA\_P_s = En_s / \sum_{s=1}^{3} En_s \quad FA\_I_s = Lab_s / \sum_{s=1}^{3} Lab_s \quad FA\_S_s = Pa_s / \sum_{s=1}^{3} Pa_s \tag{6-17}$$

其次，考虑到能源缺口存在着正负差别，本章参照黎峰（2016）的做法选择 MIN－MAX 标准化方法针对丰裕程度进行量纲统一。

$$CA\_X_s = (X_s - X_{min})/(X_{max} - X_{min}) \tag{6-18}$$

最后，在禀赋指标建立的基础上，我们按照区域 s 在所有区域中的分工职能与禀赋优势的偏离程度，构造地区 s 中间投入 X（X 代表初级产品、制成品与服务的任一类型）分工错位：

$$Misallo\_X_s = [rank(SPro\_X_s)/rank(CA\_X_s) - 1]^2 \tag{6-19}$$ ①

6.3　中国制造业出口的国内价值链构成与特征分析

6.3.1　价值构成

（1）国内价值链中的增加值分布

尽管国内价值链呈现整合之势，但就增加值类型而言，区际分工并未呈现服务的嵌入偏好。从增加值构成来看，国内价值链的服务份额相对偏低。观察期初，国内价值链中的增加值率按照制成品、服务与初级产品的顺序依次递减。而观察期末，虽然制成品仍是国内价值链中份额最多的类型，但是服务与初级产品的位序却呈现出了交替变化。这一特征意味着国内价值链分工的深化，并非来自服务化转型的推动。并且，进一步结合变

① 为了保持与禀赋优势一致，本章同样对增加值供给程度进行 MIN－MAX 标准化处理，并将处理后的指标记为 $SPro\_X_i$。

动趋势来看，低端投入推动的区际分工更为明显。与区际增加值率变动类似，不同类型的增加值同样呈现出了“V”形变动。不过单就增加值增幅而言，2002～2007年，区际分工增幅最快的增加值类型并非服务或制成品，而是技术含量相对较低的初级产品（见表6-1）。这就表明，国内价值链的整合主要来自低级投入尤其是初级产品的推动，当前的国内价值链整合并未有效推动中国制造业的服务化转型。

表6-1　国内价值链的价值构成与增幅变动　（单位：%）

国内价值链构成				增加值增幅			
年份	初级产品	制成品	服务	时期	初级产品	制成品	服务
1997	4.38	9.74	5.32	1997～2002年	-43.22	-41.97	-52.56
2002	2.49	5.65	2.53	2002～2007年	53.65	40.90	28.79
2007	4.84	9.64	4.06	1997～2007年	10.43	-1.07	-23.76

注：增加值增幅均以1997年的区际增加值率作为基期水平。

（2）不同行业中的区际增加值构成特点

考虑到简单的行业加总，可能掩盖了不同部门类型的异质性。本章进一步按照技术类别进行国内价值链变动特点的考察。

结果显示：首先，初级产品的正向增幅最为明显。1997～2007年，在11个制造业部门中，区际增加值呈现增幅的部门分别是食品饮料烟草制造业（部门S03）、纺织皮革服装制造业（部门S04）、化学制品及石油冶炼加工业（部门S07）、非金属矿制品业（部门S08）、交通运输设备制造业（部门S10）与电子产品制造业（部门S11）。而在以上部门中，初级产品、制成品与服务呈现增幅的部门分别为5个、4个与0个。单从增加值增幅的部门数目而言，初级产品的嵌入导向十分明显。进一步观察增幅程度，可以发现1997～2007年区际增加值增幅最多的部门为纺织皮革服装制造行业。而在纺织皮革服装制造行业的增加值构成中，初级产品仍是增幅最快的类型。显然，无论是从部门数目还是增幅最快的部门来看，国内价值链中的增加值增幅都在呈现明显的初级产品嵌入导向。

其次，制成品的增幅主要集中于个别高技术行业。1997～2007年，尽管食品饮料烟草制造业（部门S03）、非金属矿制品业（部门S08）、交通运输设备制造业（部门S10）与电子产品制造业（部门S11）的区际制成品嵌入都有增幅，但是受制于食品饮料烟草制造业与非金属矿制品业的增幅程度不足3%，当前的制成品嵌入增幅主要来自归属高技术行业的交通运输设备制造业与电子产品制造业。并且，交通运输设备制造业与电子产品制造业的区际制成品不仅正向扩张，还成为为数不多的制成品增幅高于初级产品增幅的部门。究其原因，这一现象可能在于此类行业具有一定的技术投入偏好，简单的资源整合、初级产品输入难以满足此类产业发展的投入诉求。因而，制成品的增幅主要来自高技术行业。

最后，服务缺失成为行业发展的共同弊病。通过图6-3可以发现，无论是低技术、中技术还是高技术行业，服务的嵌入都在呈现下降态势。并且，进一步对比具体行业中的变动程度，可以发现服务的降幅都在初级产品与制成品的变动之上。尤其是低技术行业，服务的降幅比例更是远超其他技术类别。这一现象的背后原因，可能在于：一方面，国内价值链的服务缺失导致了产业发展无法得到有效供给；另一方面，初级产品嵌入偏好部分替代了服务的缺位、降低了服务嵌入需求，从而加剧了低技术行业中服务的降幅程度。

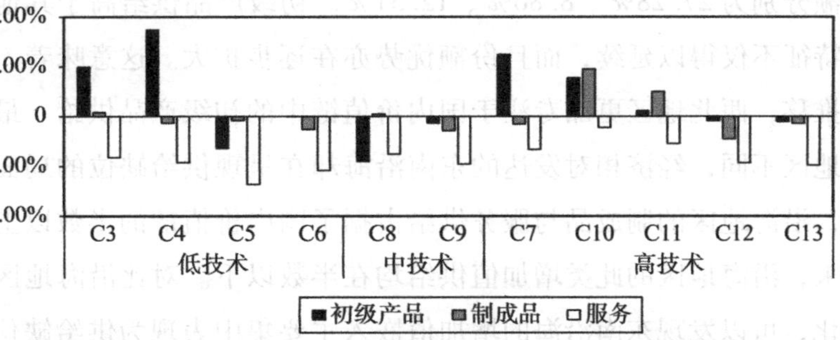

图6-3　不同行业国内价值链中的初级产品、制成品与服务增幅

结合以上事实，不难发现，中国制造业的国内价值链虽在不断整合，但是整合背后却是初级产品带动、服务投入的长期缺位。这意味着单纯依靠外需推动的区际分工难以推动中国制造的服务化转型，当前的区际分工可能仍是旧有的组装加工模式的延续。

6.3.2 嵌入程度

鉴于国内价值链并未有效推动中国制造业的服务化转型，我们有必要利用分工职能与分工受益两个维度，考量不同区域在国内价值链中的角色。

分工职能的结果显示（见表6－2），区际增加值供给主要来自内陆地区。首先，国内价值链中的增加值供给并非单纯的西高东低，而是更多地呈现出“中部外溢”的局面。与黎峰（2016）的研究结论不同，本节发现当前的增加值输出主要来自中部地区而非西部内陆。观察期内，除2007年的初级产品供给外，区际增加值供给最多的区域都是中部地区。并且，即使在2007年，西北地区的初级产品供给仅是轻微超越中部地区。这就意味着当前的区际资源输出主要依靠中部地区带动。其次，西北地区的增加值供给主要集中于初级产品方面。观察期初，西北地区初级产品、制成品与服务的供给份额分别为8.61%、4.38%、5.48%，初级产品的供给份额远远高于其他类型投入。观察期末，西北地区初级产品、制成品与服务的供给份额分别为27.28%、8.86%、12.31%。初级产品供给高于其他类型投入的特征不仅得以延续，而且份额优势亦在逐步扩大。这意味着，随着时间的推移，西北地区更加专注于国内价值链中的初级产品供给。最后，与内陆地区不同，经济相对发达的东南沿海却在呈现供给缺位的局面。观察期初，沿海地区的制成品与服务供给占据了国内价值链的半数以上，但观察期末，沿海地区的此类增加值供给均在半数以下。对比沿海地区中的样本变化，可以发现东南沿海的增加值嵌入主要集中表现为供给缺位。加入WTO之前，东部沿海与南部沿海的制成品与服务供给都在上升，但在加入WTO之后，随着对外开放的深化，东部沿海与南部沿海却更加脱离了区际分工，致使制成品与服务的供给不断降低。

分工受益的结果显示（见表6－3），区际增加值的调出主要为沿海地区所获取。首先，从地域分布来看，分工受益呈现“东多西少”的分布特点。得益于率先开放的政策优势与对外运输便利的地理位置，以珠三角

表6-2 国内价值链的供给来源① (单位:%)

地区	1997年			2002年			2007年		
	初级产品	制成品	服务	初级产品	制成品	服务	初级产品	制成品	服务
东北	10.85	4.66	3.79	8.38	7.99	8.28	20.81	8.71	7.09
京津	1.48	3.51	4.18	1.79	3.96	5.03	4.32	3.77	10.40
北部	24.77	22.80	20.90	13.27	11.84	9.59	11.74	14.77	14.31
东部	5.63	20.94	17.18	5.06	21.61	19.71	1.35	13.57	11.88
南部	5.17	7.46	8.88	9.97	11.69	13.75	2.59	12.56	9.96
中部	35.66	28.88	27.19	37.90	26.05	25.50	24.16	27.20	24.75
西北	8.61	4.38	5.48	13.51	4.31	6.09	27.28	8.86	12.31
西南	7.83	7.38	12.41	10.12	12.55	12.05	7.74	10.56	9.30

(南部沿海)、长三角(东部沿海)与环渤海(主要是京津地区与北部沿海)为代表的东部地区不仅长期扮演着经济增长极的角色,而且是主要的出口贸易输出基地。1997~2007年,中国制造业出口中87.15%~89.01%的份额来自沿海地区。相比而言,由于深居内陆和经济发展滞缓,内陆地区的制造业出口份额相对偏低。因而,整个观察期内,国内价值链中86.16%~89.98%的增加值份额都服务于东部地区的出口需求。其次,从核心来源来看,获益最多的区域逐步由南部沿海向东部沿海转变。虽然东部地区构成了需求引致的主要来源,但是内部个体的贡献力度十分不均。观察期初,初级产品主要为东部沿海获取,制成品与服务则主要为南部沿海获取。不过,伴随着长三角地区的迅速崛起,观察期末,东部沿海的制造业出口份额已经大幅超越南部沿海。这就导致了国内价值链中的初级产品、制成品与服务主要为东部沿海所获取。最后,从增加值类型来看,东部沿海的分工获益结构相对均匀。1997年,东部沿海通过国内价值链获取的初级产品、制成品与服务份额分别为39.46%、32.11%、32.98%,2007年则是48.31%、40.48%、40.00%。无论是观察期初还是观察期末,三种类型的份额都是相对接近。尽管初级产品偏高的特征符合东部沿海自

① 为了节省篇幅,表格中各个区域的名称仅用前两字代替,如“东部沿海”缩减为“东部”。以下表同,不再赘述。

然资源匮乏的特征，但是作为主要的制造业与服务业集聚地区，相差不大的数值，同样意味着东部沿海的分工获益可能偏离了禀赋原则。

表 6－3　国内价值链的需求来源　(单位:%)

地区	1997 年			2002 年			2007 年		
	初级产品	制成品	服务	初级产品	制成品	服务	初级产品	制成品	服务
东北	4.40	4.47	5.10	4.78	3.22	2.72	2.78	3.45	2.77
京津	5.59	5.34	5.07	10.99	12.88	12.84	4.96	7.19	9.65
北部	6.01	5.46	6.38	14.35	11.23	11.79	9.55	7.68	9.40
东部	39.46	32.11	32.98	38.51	24.08	25.21	48.31	40.48	40.00
南部	37.57	44.56	42.16	22.30	39.70	36.58	27.15	32.62	28.19
中部	3.41	3.80	3.86	4.56	4.03	4.00	4.04	3.97	4.55
西北	1.74	2.07	2.24	2.68	2.74	2.74	1.64	2.48	3.10
西南	1.81	2.19	2.20	1.83	2.13	4.12	1.57	2.13	2.34

结合以上供需两侧的特点，可以发现国内价值链已经形成了内陆供给沿海的分工格局。不过，作为我国改革开放的前沿阵地，东部地区的分工获益十分突出，分工职能却是长期短缺，这就导致了区际分工缺乏良性互动。

6.3.3　匹配程度

虽然国内价值链呈现单向流动格局，但是这并不排除内陆地区已经具备支撑全国分工的禀赋优势。为了进一步识别这种格局是否合理，本章首先观测地区从事不同生产分工的禀赋优势，继而刻画国内价值链下不同生产分工的特点。

(1) 禀赋优势

禀赋优势的测度显示（见图 6－4）：第一，在初级产品供给方面，西北地区与中部地区占据主导优势。观察期内，中部地区的能源剩余最多，其他地区的能源优势并不突出。但观察期末，随着西部大开发的推进，西北地区的能源剩余逐步超越中部地区，成为最具初级产品供给优势的地区。这意味着，政策扶植可能成为西北地区的优势凸显的重要因素。第二，在制成品供给上，中部地区与西南地区优势明显。由于户籍制度的存在，不同区域的劳动规模变动相对较小，禀赋优势主要集中于中部地区、西南地区，分别占劳动力规模的 28%～29% 与 19%～20%。第三，在服务供给上，沿海地区更具禀赋优势。作为改革开放的前沿阵地，沿海地区更易接收外部技术溢出、加快研发资本积累。观察期内，国内 70% 以上的专利申请来自沿海地区，其中东部沿海与南部沿海的专利申请量最多。并且伴随着东部沿海的快速发展，东部沿海逐步取代南部沿海，成为最具服务供给优势的地区。

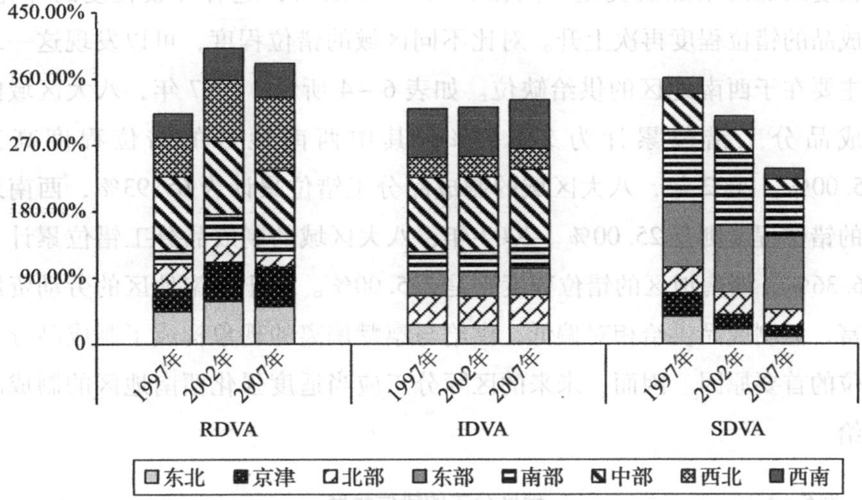

图 6－4　不同地区的禀赋优势分布

（2）错位程度

进一步考虑到可能存在的资源配置扭曲，本部分基于匹配程度进行区域层面的测算。结果显示，与增加值增幅的偏向截然相反，国内价值链的分工错位程度呈现出初级产品、制成品与服务依次递增的顺序。

第一，受益于西部大开发战略，初级产品的错位程度不仅最低，而且呈现下降趋势。1997～2007 年，初级产品的错位程度呈现“V”形波动。除 2002 年有所上升外，初级产品的错位程度一直低于制成品与服务。尽管错位程度呈现非线性变化，但是相比观察期初，观察期末的错位程度仍有下降。结合表6－4可以发现，初级产品错位程度的下降主要来自西北地区。观察期初，初级产品的错配程度为142.36%，其中西北地区的数值高达100%。这意味着，西北地区构成了初级产品错配的主要来源。不过，随着西部大开发的推进，西北地区的初级产品得以供给其他地区。这就推动了观察期末西北地区初级产品错配程度的下降，进而降低了初级产品的总体错配程度。

第二，受制于西南地区的供给缺位，制成品的错位程度相对偏高。不同于初级产品，1997～2007年制成品的错位程度呈现“V”形波动。加入WTO之前，制成品的错位呈现下降态势，并在2002年成为区际分工中错位程度最低的增加值类型。但在加入WTO之后，随着开放程度的深化，制成品的错位程度再次上升。对比不同区域的错位程度，可以发现这一现象主要在于西南地区的供给缺位。如表6－4所示，1997年，八大区域的制成品分工错位累计为271.51%，其中西南地区的错位程度高达225.00%。2002年，八大区域的制成品分工错位累计为65.93%，西南地区的错位程度则是25.00%。2007年，八大区域的制成品分工错位累计为246.36%，西南地区的错位程度则是225.00%。由于西南地区的劳动资源丰富，但制成品供给相对偏低，供给与禀赋偏离的现象构成了制成品分工错位的首要原因。因而，未来的区际分工应当适度强化西南地区的制成品供给。

表6－4　　地区分工的错位程度　　（单位:%）

地区	1997年			2002年			2007年		
	初级产品	制成品	服务	初级产品	制成品	服务	初级产品	制成品	服务
东北	0.00	2.04	100.00	100.00	2.04	0.00	6.25	0.00	2.04
京津	11.11	0.00	2.78	100.00	0.00	36.00	100.00	0.00	2.78
北部	25.00	11.11	36.00	32.65	11.11	44.44	18.37	11.11	11.11
东部	6.25	6.25	25.00	1.56	25.00	0.00	0.00	6.25	900.00
南部	0.00	11.11	1600.00	2.78	0.00	400.00	2.78	4.00	400.00
中部	0.00	0.00	44.44	0.00	0.00	56.25	0.00	0.00	56.25
西北	100.00	16.00	6.25	0.00	2.78	1.56	0.00	0.00	39.06

续表

地区	1997 年			2002 年			2007 年		
	初级产品	制成品	服务	初级产品	制成品	服务	初级产品	制成品	服务
西南	0.00	225.00	18.37	4.00	25.00	18.37	0.00	225.00	16.00
加总	142.36	271.51	1832.84	240.99	65.93	556.62	127.40	246.36	1427.24

第三，受限于东南沿海的供给缺位与中部地区的过度供给，服务的错位程度最高。观察期内，无论是哪一年份，服务供给的错位程度始终高于初级产品与制成品。由于南部沿海的服务供给低于禀赋优势，南部沿海分别在 1997 年、2002 年与 2007 年为服务带来了 1600.00%、400% 与 400% 的分工错位。并且，随着东部沿海的服务供给禀赋优势的凸起与服务供给位序的下降，2007 年东部沿海超越南部沿海逐步成为服务分工缺位的主要原因。不过值得注意的是，东南沿海的供给缺失不仅导致了自身的分工错位，同样加重了中部地区的过度供给。如表 6－4 所示，由于东南沿海的服务供给不足，国内的服务供给主要来自禀赋并不充裕的中部地区。以 2007 年为例，中部地区已经成为仅次于东南沿海的分工错位来源。因而，偏离增加值禀赋的供给模式构成了服务分工错位的主要原因。

对比以上结果，可以发现内陆地区主导的单向流动模式仅仅匹配了初级产品的禀赋优势，却加重了其他增加值尤其是服务的分工错位程度，致使中国制造业服务化转型面临发展陷阱。一方面，在单向流动的格局下，由于缺乏沿海反哺内陆的互动机制，沿海地区多年出口学习的先进技术与管理经验，无法有效地溢出于内陆地区，束缚了内陆地区的发展空间。另一方面，在单向流动的分工体系下，失去国内市场庇护的中国服务行业发展滞缓，国内服务供给日益缺乏。面对国内服务供给的不足，竞争实力受限的中国制造将会嵌入更多的国外服务与国内初级产品、制成品进行替代。而资源贫瘠却又处于增长前沿的沿海地区，将会利用单向流动分工进一步攫取“外围”地区的初级产品与制成品。由此，单向流动的格局得到进一步固化，中国制造逐步陷入“单向流动的分工错位—服务化转型困难—单向流动的分工错位”的恶性循环。

6.4　双边扩展分析

尽管上一部分的结果表明，分工错位是中国制造服务化转型困境的主要诱因，但是考虑到三种增加值类型的分工错位并不均等，而是按照初级产品、制成品与服务的顺序依次递增，我们有必要探讨导致服务错位程度过高的原因。鉴于此，本部分引入“区域—区域”双边嵌入路径，进一步追寻导致分工错位的主要环节。需要说明的是，由于双边路径的数据繁杂，本部分主要借助热力图进行展现。在热力图中，纵轴代表吸收地区，横轴代表增加值来源地区，图片的浓度依据相对数值的大小依次增加。

6.4.1　初级产品

初级产品的双边嵌入结果显示：1997 年，初级产品的主要供给来自中部地区与北部沿海，大致形成了“北部沿海→京津地区”“北部沿海→中部地区”和以中部地区为核心的垂直方向的高浓度区域。2002 年，中部地区的初级产品仍然承担着初级产品的主要供给任务，不过北部沿海的初级产品供给有所减弱，原本浓度较高的“北部沿海→中部地区”区域开始淡化，逐步为“西北地区→中部地区”取代。2007 年，初级产品的条带化专业分工格局日益凸显。除“北部沿海→京津地区”的高浓度区域外，绝大多数的初级产品需求主要来自西北地区与中部地区。并且，西北地区已经取代中部地区，成为全国最主要的初级产品供给来源。对比不同年份的增加值嵌入格局，可以发现当前的初级产品分工特点，主要体现为供给中心由内陆替代沿海、西北替代中部的嬗变。

对于这一变化，可能的原因在于政策调度。由于市场分割的存在，生产分工很难形成某一地区供给全国的专业化格局。在统一市场并未形成的前提下，邻区采购成为弥补这一不足的重要策略。正如图 6 - 5 所示，观察期初的初级产品供给主要来自邻区众多①的中部地区与北部沿海。其中，最为凸显便是“北部沿海→京津地区”的高浓度区域。由于京津地区被北部沿海环绕，整个观察期内，京津地区的初级产品供给主要来自北部沿海。因而，尽管相比北部沿海，西北地区更具初级产品供给的禀赋优势，但是受制于位居边陲的地理劣势，西北地区难以克服市场壁垒，成为观察期初主要初级产品的供给来源。不过随着地区发展差距与分工错位的凸显，西部大开发成为中央政府扭转这一困境的战略导向。正如图 6－5 所示，随着西部大开发的推进，2007 年，西北地区已经超越中部地区成为全国最主要的初级产品供给来源。并且，由于西北地区替代北部沿海的供给更加符合禀赋原则，相比观察期初以中部地区、北部沿海为核心的块状集聚，观察期末高浓度区域块状分布更为明显。这就表明，得益于政策调度，西北地区正在推动专业化分工格局的形成。因此，本书认为尽管禀赋优势构成了区际分工的重要标准，但在市场机制仍不健全的转轨阶段，政策调度已经成为扭转市场分割困境的重要补充。

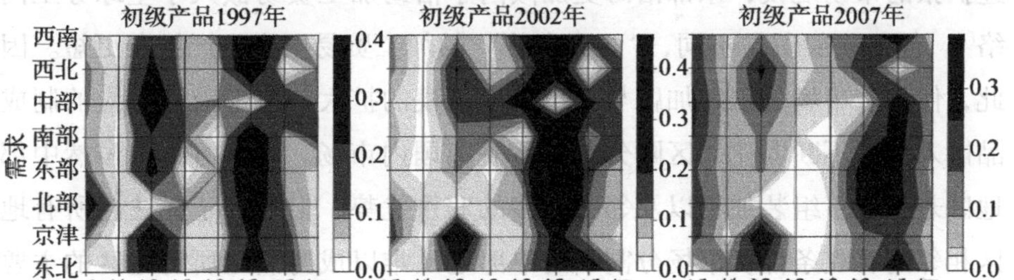

图 6－5　1997～2007 年“区域—区域”的初级产品嵌入路径变化

6.4.2　制成品

制成品的双边嵌入结果显示：1997 年，制成品的供给主要来自中部地

① 八大区域中，中部地区（与除东北地区、京津地区外的其他区域相邻）与北部沿海（与除南部沿海、西南地区外的五个地区相邻）的邻区数目最多。

区、东部沿海与北部沿海。其中，高浓度区域较为分散，主要集中于“中部地区→东部沿海”“东部沿海→中部地区”“东部沿海→中部地区”与“北部沿海→京津地区”。2002 年，北部沿海的供给有所弱化，“南部沿海→西南地区”的浓度区域逐渐凸起，供给来源仍是多中心的分散化格局。2007 年，随着东部沿海供给的弱化，以中部地区为增加值来源的高浓度区域逐渐凸显。不过，“北部沿海→京津地区”“南部沿海→西南地区”的高浓度区域仍在继续。这就使得制成品的供给并未形成类似初级产品的带状分布，而是更多地体现为中部地区带动的块状集聚。

究其原因，这一特点主要来自禀赋优势无法克服市场分割的不足。一方面，受制于市场分割的扭曲激励，中国国内的贸易壁垒远高于出口壁垒，多数企业被迫走上出口外销的道路（张杰等，2010）。而作为改革开放的前沿阵地，尽管濒临海洋的区位使得东部沿海集中了中国出口的多数份额，但是同样存在相邻地区偏少的弊端，这就使得东部沿海面临着更低的出口贸易成本与更高的国内贸易成本。并且，由于加工贸易更能取得快速扩张的市场规模，东部沿海更加倾向于借助加工贸易嵌入于全球分工网络①。但与一般贸易不同，“两头在外”的加工贸易国内生产链条更短。因此，伴随着市场分割的加剧与加工出口规模的扩大，东部沿海对应的制成品嵌入浓度不断弱化，区际分工日益脱离国内市场。另一方面，虽然中部地区兼具从事组装加工以及邻区众多的双重优势，但受制于无法与所有地区相邻的客观条件，市场分割下的中部地区难以成为满足所有地区的主要供给来源。正如图 6 - 6 所示，无论是观察期的哪一年份，京津地区与东北地区嵌入中部地区的制成品供给份额长期偏低。因此，本书认为市场分割虽然推动了中部地区成为制成品的主要输出来源，但亦束缚了其进一步的深化发展，致使国内价值链中的制成品嵌入未能形成类似初级产品的专业化分工，制成品的增幅远低于初级产品。

① 根据海关数据所示，2000 ~ 2006 年的加工贸易比例逐步由 38.7% 快速上涨至 46.0%，已经成为加工贸易涨幅最快的区域。

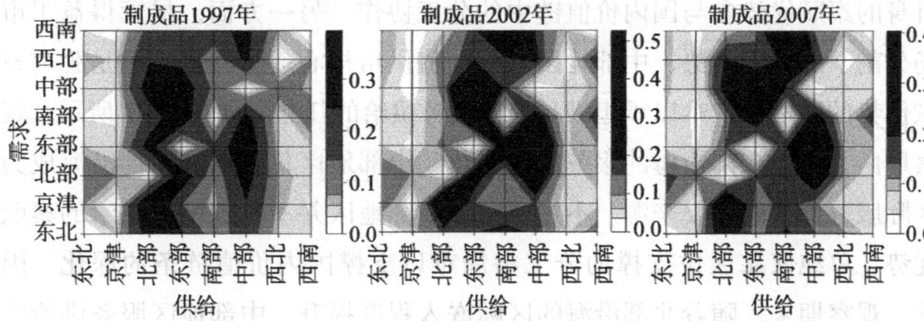

图6－6　1997～2007年"区域—区域"的制成品嵌入路径变化

6.4.3　服务

服务的双边嵌入结果显示：1997年，服务的供给主要来自中部地区、北部沿海与东部沿海。其中，高浓度集聚主要集中于"中部地区→东部沿海"与"北部沿海→京津地区"。2002年，"北部沿海→京津地区"有所淡化，西南地区对于中部地区的服务依赖逐步由南部沿海取代。不过，由于东部沿海、南部沿海、北部沿海的主要供给仍是来自中部地区，以中部地区为核心的块状集聚特征尚未消失。并且，随着"东部沿海→中部地区"的浓度提升，服务供给呈现出以中部地区、东部沿海为核心的双峰格局。但2007年，随着服务业发达的东部沿海的供给弱化与"京津地区→北部沿海""北部沿海→京津地区"浓度的提升，中部地区供给的优势有所下滑，服务嵌入呈现多核心化特征。因而，相比初级产品与制成品，服务嵌入的高浓度区域更为分散。

究其原因，这一特征可能在于禀赋因素与市场分割的双重约束。一方面，作为制造业高级化的产物，东部沿海服务业的发展需要满足本地加工贸易的投入诉求。而不同于一般贸易，加工贸易生产链条中的国内服务仅是参与完成了国际发包方的剩余任务。因而，东部地区的服务业较为发达，但是满足加工贸易的服务投入并不一定适用于国内投入需求，这就导致了东部沿海的服务供给相对偏弱。并且，作为邻区偏少的区域，东部沿海的区际分工同样面临先天劣势。因此，服务业发达的东部沿海并未按照自身的禀赋优势参与国内价值链中的分工协作。另一方面，尽管得益于市场分割下的地缘优势，中部地区的增加值供给核心逐步凸显，但是脱离禀赋优势的区际分工难以承担满足全国服务供给的任务。如图6-7所示，观察期内，随着东部沿海的服务供给弱化，中部地区日益取代东部沿海成为区际服务供给的主要来源。不过，由于中部地区并不具备服务供给的禀赋优势，单纯依靠区位支撑的分工格局难以支撑国内价值链条的深化。因此，观察期末，随着北部沿海的区际嵌入程度提升，中部地区服务供给弱化，国内服务嵌入呈现出了中部地区与北部沿海共存在的多核心格局。

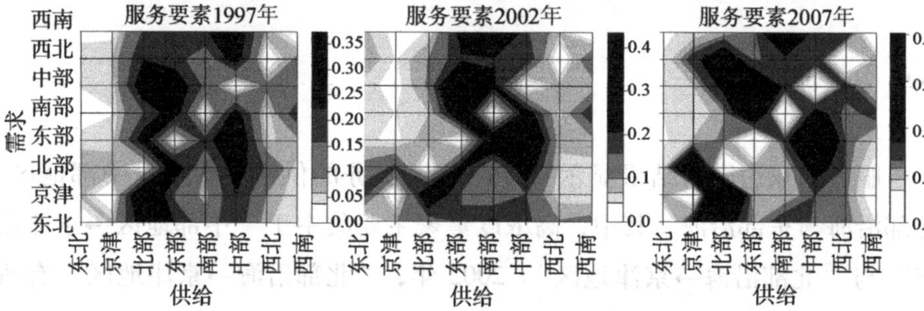

图6-7 1997~2007年“区域—区域”的服务要素嵌入路径变化

6.4.4 嵌入特征对比

结合上述特征可以发现，市场分割已经严重桎梏了国内价值链的深化发展。虽然初级产品的分工符合国内价值链的预期构想，但受制于市场壁垒，制成品、服务并未形成服务全国的专业化分工格局，区际分工存在严重的错位（见表6-5）。尽管受益于政策调度，内陆地区的初级产品可以大范围地流向沿海地区，但是对于缺乏固定载体的服务而言，大范围的政策调度并不现实。并且，受制于市场分割的扭曲激励，沿海地区被迫更多地嵌入全球价值链体系，致使在产业发展丧失本土效应的同时，沿海“反哺”内陆的机制也受到阻断，中国制造仍旧依靠组装加工模式步履蹒跚。因而，过度的出口俘获或东部地区定位偏低指责难以改变中国制造的服务化转型困境，加快区际市场整合才能从根本上扭转当前的不利局面。同样，本章的这一发现亦在表明市场分割导致的发展困境并不局限于生产率（赵玉奇和柯善咨，2016）或出口加成（刘啟仁和黄建忠，2015）层面，过度的地方保护亦是中国制造出口低值的重要诱因。

表6-5 不同增加值类型的嵌入特征对比

	集聚中心的政策优势	集聚中心的区位优势	集聚特征
初级产品	有	无	带状集聚
制成品	无	有	块状集聚
服务	无	有	散点集聚

6.5 本章小结

在第5章的基础之上，本章通过对增加值类型进行区分，进一步检验国内价值链是否推动了中国制造业的服务化转型。结果显示：

①虽然得益于加入WTO之后的外需倒逼，制造业出口中的区际分工有所强化，但是这种增幅并不符合服务化转型升级的方向。基于总体的测度表明，1997～2007年，初级产品、制成品、服务分别呈现10.43%、-1.07%与-23.76%的变动。其中，加入WTO之前，初级产品、制成品与服务分别呈现-43.22%、-41.97%与-52.56%的变动，加入WTO之后则是53.65%、40.90%与28.79%。无论是从总体还是分阶段来看，作为服务化转型衡量标准的服务投入，其增幅都是最慢的。

②考虑到产业的异质性，本章进一步检验了不同行业的差异。结果显示，首先，就不同增加值类型的增幅数目来看，1997～2007年，在13个制造业部门中，初级产品、制成品与服务呈现增幅的部门分别为5个、4个与0个。其次，就增幅数值最高的部门来看，1997～2007年区际增加值增幅最多的部门为纺织皮革服装制造行业。而在纺织皮革服装制造行业的国内价值链中，增幅最快的增加值类型仍是初级产品。最后，就不同区际增加值降幅的部门来看，无论是哪一行业，增加值降幅最多的类型都是服

务。这意味着，即使考虑行业的异质性差异，国内价值链的低端投入导向仍未改变。

③通过对价值链发育特征进行测度，本章追寻了导致这一现象的原因。结果显示，在国内价值链中，初级产品的输出主要来自西北地区，制成品与服务的输出主要来自中部地区，而东部沿海却呈现出长期的分工职能缺位、分工获益最多的特点。作为我国改革开放的前沿阵地，虽然东部沿海的初级产品调入符合分工原则，但是服务投入的供给最少、需求最多的特点，无疑背离了自身的禀赋优势。因而，受制于东部沿海分工错配，国内价值链中的服务投入难以得到有效供给。这一特点不仅导致沿海与内陆之间分工互动的缺失，亦会引致“母国市场效应”的丧失，加剧中国制造业服务化转型的困境。

④基于双边路径分解，本章进一步发现市场分割是构成中国制造业分工错位困境的根源。尽管初级产品与制成品的匹配程度优于服务，但这并不意味着两者的市场发育更为完善。受制于区际贸易壁垒，全国性的商品（服务）流动十分困难，而得益于西部大开发的政策调度，初级产品市场形成了以西北地区供给全国的专业分工格局。同样，由于中部地区处于我国的几何中心，毗邻众多区域的地缘优势推动了中部地区成为局部的制成品与服务供给来源。但是，相比西北地区的政策导向与中部地区的地缘优势，偏居一隅的东南沿海无法克服区际壁垒，被迫更多地嵌入于国际生产链条，致使服务供给缺位、服务化转型愈加困难。因此，单纯地将转型困境归咎于出口俘获或东部沿海定位偏低的结论并不客观，加快市场整合、打破内部壁垒，才能真正借助区际分工，推动中国制造的服务化转型。

第 7 章

国内价值链与中国制造业出口的低碳转型

7.1　引言

事实上，低值困境并非中国制造发展的唯一问题。由于中国制造业出口多是凭借低廉的组装成本承接外部需求，这一模式不仅导致出口利得偏低，而且引致中国的低碳发展困境。伴随着组装加工模式的膨胀，中国制造在承接大量外部需求的同时，同样面临着巨大的能耗和碳排放转入。尤其是在加入 WTO 之后，中国迅速成为能耗和碳排放量最大的国家之一，在气候谈判中承担着巨大的减排压力（彭水军等，2015）。并且，进一步结合环境成本来看，中国在全球分工中的低值问题可能更为明显（Arto 等，2014）。以 2009 年为例（见图 7－1），中国单位增加值出口产生的 CO_2 排放不仅高于美国、德国、日本、英国、法国，还是此类国家的 4～7 倍之余（张文城和盛斌，2017）。这意味着，中国制造的转型升级不仅需要考虑价值问题，还需要兼顾发展中的环境成本。

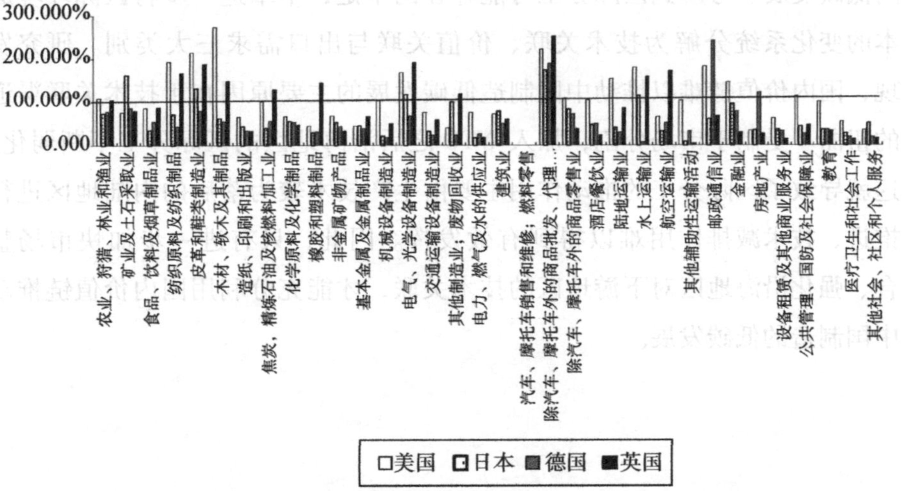

图 7－1　2009 年主要发达国家行业排放强度与中国行业排放强度之比

而从环境成本的构成来看，环境成本主要取决于增加值出口规模和内含 CO_2 排放总量。如果在参与全球价值链条分工的过程中，区域之间能够合理利用禀赋差异，中国制造仍然拥有借助价值关联与技术关联渠道进行低碳转型的契机。这是因为，一方面，国内价值链协作不仅使得单个地区可以充分利用其他地区的中间投入，亦可提升增加值出口规模，从而有效推动区际环境成本的降幅；另一方面，国内价值链协作不仅可以避免不同区域的恶性竞争，而且可以使得技术较为发达的沿海地区深度参与区际分工协作，推进沿海地区的先进技术不断溢出至内陆地区，带动环境成本的有效降幅。不过，稍显遗憾的是，尽管已有研究在 CO_2 排放转入方面进行了较为深入的探讨，但是由于国内价值链视角的缺失，未有研究考察全球价值链下，不同区域间的分工协作对低碳转型的影响。

有鉴于此，本章试图在已有文献的基础上，建立一个有效测度区际分工引致环境成本的核算框架，并借助 1997 年、2002 年与 2007 年的区域间投入产出表，测算研究了国内价值链对于环境成本变动的影响与背后原因。结果显示，区际环境成本未因区际分工的扩大而下降，反而呈现出了一定的背离趋势。这意味着，当前的国内价值链并未有效推动中国制造业的低碳发展。考虑到区际分工可能存在的不足，本章进一步将区际环境成本的变化系统分解为技术关联、价值关联与出口需求三大类别。研究发现，国内价值链难以推动中国制造低碳发展的主要原因在于技术关联渠道的扭曲。受制于市场分割，加入 WTO 之后沿海地区的区际分工不断弱化，这就导致了区际分工的推动作用主要由生产技术较为落后的内陆地区进行推进、技术减排作用难以得到有效发挥。因此，只有进一步加快市场整合、强化沿海地区对下游地区的技术关联，才能充分利用国内价值链推动中国制造的低碳发展。

7.2　研究方法

7.2.1　测算模型

（1）区际环境成本的测算

为了便于理解，我们假设国内只存在三个区域与三个生产部门，令上标1、2、3分别代表初级产品、制造业与服务部门，下标s、r、t分别代表不同区域。定义中间投入系数矩阵为$\boldsymbol{A}$，多区域完全需求矩阵为$\boldsymbol{B}$，行业产出矩阵为$\boldsymbol{X}$，区域间最终需求矩阵为$\boldsymbol{Y}$，出口矩阵为$\boldsymbol{E}$，误差项矩阵为$\boldsymbol{ERR}$，进口向量为$\boldsymbol{IM}$，增加值行向量为$\boldsymbol{Va}$，增加值系数行向量$\boldsymbol{V}$为行业增加值占总产出的比例，污染排放系数行向量$\boldsymbol{F}$为行业CO_2排放与行业总产出的比值。

根据投入产出表的平衡性，从行向来看，存在：

$$\boldsymbol{X} = \boldsymbol{AX} + \boldsymbol{Y} + \boldsymbol{E} + \boldsymbol{ERR} \tag{7-1}$$

如果将$\boldsymbol{B}$记为完全里昂惕夫需求矩阵，此时总产出可以表示为：

$$\boldsymbol{X} = \boldsymbol{B}(\boldsymbol{Y} + \boldsymbol{E} + \boldsymbol{ERR}) \tag{7-2}$$

而就列向来看，总投入亦可存在类似的恒等关系：

$$\boldsymbol{X} = \boldsymbol{AX} + \boldsymbol{IM} + \boldsymbol{VA} \tag{7-3}$$

值得注意的是，由于区域间投入产出表未将国外市场作为单独个体嵌入其中，因此我们参照苏庆义（2016）的处理方式，将进口中间品数额作为来自国外的增加值处理。定义增加值总量为$\boldsymbol{TVA}$（*Total Value Added*），则增加值可以表示为来自国内与来自国外的增加值的加总：

$$\boldsymbol{TVA} = \boldsymbol{VA} + \boldsymbol{IM} \tag{7-4}$$

其中，国内增加值$\boldsymbol{VA}$与进口增加值$\boldsymbol{IM}$可以分别表示为增加值系数与行业产出的乘积：

$$VA = V\#X$$ ① (7-5)

$$IM = M\#X \quad (7-6)$$

（2）增加值贸易核算

按照 Lau（2007）的数理化证明，一国的增加值可以分为国内增加值与国外增加值，出口矩阵可以表示为：

$$\mu\hat{V}B\hat{E} + \mu\hat{M}B\hat{E} = \mu\hat{E} \qquad \mu = [1,1,\cdots,1]$$ ② (7-7)

而在具体的“区域—部门”层面，根据增加值来源的不同，地区 s 制造业出口 e_s^2 可以表示为：

$$\begin{aligned} e_s^2 &= \underbrace{\sum_{r \neq s}^{3}\sum_{i=1}^{3} v_r^i b_{rs}^{i2} e_s^2}_{\text{来自本国的增加值}} + \underbrace{\sum_{r \neq s}^{3}\sum_{i=1}^{3} m_r^i b_{rs}^{i2} e_s^2}_{\text{来自国外的增加值}} \\ &= \underbrace{\sum_{i=1}^{3} v_s^i b_{ss}^{i2} e_s^2}_{\text{来自本地的增加值}} + \underbrace{\sum_{r \neq s}^{3}\sum_{i=1}^{3} v_r^i b_{rs}^{i2} e_s^2}_{\text{来自外地的增加值}} + \underbrace{\sum_{r \neq s}^{3}\sum_{i=1}^{3} m_r^i b_{rs}^{i2} e_s^2}_{\text{来自国外的增加值}} \end{aligned} \quad (7-8)$$

鉴于国内价值链的本质在于通过区际分工，合理利用地区禀赋差异的同时，延伸出口中的国内生产环节。按照这一原则，我们可以根据（7-8）式中不同分工引致的类型，将其分别定义为来自本地增加值的区域价值链 $\sum_{i=1}^{3} v_s^i b_{ss}^{i2} e_s^2$ 与来自外地增加值的国内价值链 $\sum_{r \neq s}^{3}\sum_{i=1}^{3} v_r^i b_{rs}^{i2} e_s^2$ 。

类似的，来自区际分工活动（国内价值）的 CO_2 排放亦可表示为 $\sum_{r \neq s}^{3}\sum_{i=1}^{3} f_r^i b_{rs}^{i2} e_s^2$。

然后，按照张文城和盛斌（2017）的定义，我们利用国内价值链中的 CO_2 排放规模与增加值之比，进行区际环境成本（*Interregional Environmental Cost*，*IREC*）的测度。区际环境成本比值越高代表单位区际增加值出口引致的排放越多，越不利于低碳转型。

$$IREC_s^i = \sum_{r \neq s}^{3}\sum_{i=1}^{3} f_r^i b_{rs}^{i2} e_s^2 / \sum_{r \neq s}^{3}\sum_{i=1}^{3} v_r^i b_{rs}^{i2} e_s^2 \quad (7-9)$$

---

① “#”代表矩阵中的对应元素相乘。

② 上标代表对角化处理。

同时，为了捕获国内价值链与环境成本变动之间的关系，我们主要基于国家层面的区际增加值率（*Interregional Value Added Ratio*，*IRVAR*）与环境成本之间的关系进行刻画。

$$IRVAR_s^i = \sum_{r \neq s}^{3} \sum_{i=1}^{3} v_r^i b_{rs}^{i2} e_s^2 / \sum_{s=1}^{3} e_s^2 \tag{7-10}$$

如果区际增加值率 $IRVAR_s^i$ 与区际环境成本 $IREC_s^i$ 的变化方向相反，那么国内价值链的整合推动了区际环境成本的降低，反之，则导致了区际环境成本的上升。

7.2.2　影响因素分析

考虑到静态测算无法捕获区际环境成本变动的影响因素，本章引入指数分解技术（*Index decomposition analysis*，*IDA*）进行分析。为了简便起见，我们以地区 s 制造业出口中通过与地区 r 部门 i 的分工链条而产生的区际环境成本 ρ_{rs}^i 进行阐述。定义比值指标 $R_{rs}^i = IREC_{rs,t}^i / IREC_{rs,t-1}^i$，代表两期之间的区际环境成本变化。$R_{rs}^i > 1$，说明在 $t-1$ 期至第 t 期间的区际环境成本上升；反之，$R_{rs}^i < 1$，说明在 $t-1$ 期至第 t 期间的区际环境成本下降。

在进行指数分解时，我们重点关注如下问题：一是作为一个国内市场庞大而又十分依赖出口需求的国家，区际环境成本变动究竟在多大程度上取决于区际关联与出口需求？二是作为内生能力的重要体现，区际关联因区域个体的不同而存在一定差异。那么，哪些区域之间的分工构成了中国制造业国内价值链整合的关键？厘清以上问题，对于继续深化中国区际分工有着重要的意义。有鉴于此，我们将区际环境成本拆分为如下形式：

$$R_{rs}^i = \underbrace{\frac{f_{r,t}^i b_{rs,t}^{i2} e_{s,t}^2 / v_{r,t}^i b_{rs,t}^{i2} e_{s,t}^2}{f_{r,t-1}^i b_{rs,t-1}^{i2} e_{r,t}^2 / v_{r,t-1}^i b_{rs,t-1}^{i2} e_{s,t}^2}}_{R_{fvb}} \times \underbrace{\frac{f_{r,t-1}^i b_{rs,t-1}^{i2} e_{s,t}^2 / v_{r,t-1}^i b_{rs,t-1}^{i2} e_{s,t}^2}{f_{r,t-1}^i b_{rs,t-1}^{i2} e_{s,t-1}^2 / v_{r,t-1}^i b_{rs,t-1}^{i2} e_{s,t-1}^2}}_{R_e} \tag{7-11}$$

从（7－11）式可以看出，第 $t-1$ 期到第 t 期的区际环境成本 R_{sr}^i 变化受到区际关联 R_{fvb} 与出口需求 R_e 两部分的影响。比较以上两部分的差异，我们可以较为直观地得出内部结构与外部需求对区际环境成本变动的影响。不过，值得说明的是，由于区际环境成本涉及污染排放与增加值规模两个维度，因而与第4章不同，此时的区际关联囊括了技术关联与价值关联两种类型。为了识别不同关联类型对于环境成本的影响，本章进一步将（7－11）式做出如下拓展：

$$R_{rs}^{i}=\underbrace{\frac{f_{r,t}^{i}b_{rs,t}^{i2}e_{s,t}^{2}/v_{r,t}^{i}b_{rs,t}^{i2}e_{s,t}^{2}}{f_{r,t-1}^{i}b_{rs,t-1}^{i2}e_{r,t}^{2}/v_{r,t}^{i}b_{rs,t}^{i2}e_{s,t}^{2}}}_{R_{fb}}\times\underbrace{\frac{f_{r,t-1}^{i}b_{rs,t-1}^{i2}e_{s,t}^{2}/v_{r,t}^{i}b_{rs,t}^{i2}e_{s,t}^{2}}{f_{r,t-1}^{i}b_{rs,t-1}^{i2}e_{s,t}^{2}/v_{r,t-1}^{i}b_{rs,t-1}^{i2}e_{s,t}^{2}}}_{R_{vb}}\times\underbrace{\frac{f_{r,t-1}^{i}b_{rs,t-1}^{i2}e_{s,t}^{2}/v_{r,t-1}^{i}b_{rs,t-1}^{i2}e_{s,t}^{2}}{f_{r,t-1}^{i}b_{rs,t-1}^{i2}e_{s,t-1}^{2}/v_{r,t-1}^{i}b_{rs,t-1}^{i2}e_{s,t-1}^{2}}}_{R_{e}} \quad (7-12)$$

其中，R_{fb} 与 R_{vb} 分别代表区域之间的技术关联与价值关联变动对环境成本的影响。利用（7－12）式，我们可以捕获区际分工中的技术、价值与出口需求变动对制造业低碳发展的影响。

不过，（7－12）式仅是结构分解的一部分，我们也可对称地将其分解为如下形式：

$$\begin{aligned}R_{rs}^{i}&=\underbrace{\frac{f_{r,t}^{i}b_{rs,t}^{i2}e_{s,t}^{2}/v_{r,t}^{i}b_{rs,t}^{i2}e_{s,t}^{2}}{f_{r,t}^{i}b_{rs,t}^{i2}e_{s,t-1}^{2}/v_{r,t}^{i}b_{rs,t}^{i2}e_{s,t-1}^{2}}}_{\hat{R}_{e}}\times\underbrace{\frac{f_{r,t}^{i}b_{rs,t}^{i2}e_{s,t-1}^{2}/v_{r,t}^{i}b_{rs,t}^{i2}e_{s,t-1}^{2}}{f_{r,t-1}^{i}b_{rs,t-1}^{i2}e_{s,t-1}^{2}/v_{r,t-1}^{i}b_{rs,t-1}^{i2}e_{s,t-1}^{2}}}_{\hat{R}_{b}}\\&=\underbrace{\frac{f_{r,t}^{i}b_{rs,t}^{i2}e_{s,t}^{2}/v_{r,t}^{i}b_{rs,t}^{i2}e_{s,t}^{2}}{f_{r,t}^{i}b_{rs,t}^{i2}e_{s,t-1}^{2}/v_{r,t}^{i}b_{rs,t}^{i2}e_{s,t-1}^{2}}}_{\hat{R}_{e}}\times\underbrace{\frac{f_{r,t}^{i}b_{rs,t}^{i2}e_{s,t-1}^{2}/v_{r,t}^{i}b_{rs,t}^{i2}e_{s,t-1}^{2}}{f_{r,t}^{i}b_{rs,t}^{i2}e_{s,t-1}^{2}/v_{r,t-1}^{i}b_{rs,t-1}^{i2}e_{s,t-1}^{2}}}_{\hat{R}_{vb}}\\&\quad\times\underbrace{\frac{f_{r,t}^{i}b_{rs,t}^{i2}e_{s,t-1}^{2}/v_{r,t-1}^{i}b_{rs,t-1}^{i2}e_{s,t-1}^{2}}{f_{r,t-1}^{i}b_{rs,t-1}^{i2}e_{s,t-1}^{2}/v_{r,t-1}^{i}b_{rs,t-1}^{i2}e_{s,t-1}^{2}}}_{\hat{R}_{fb}}\end{aligned} \quad (7-13)$$

与SDA类似，IDA同样存在结果不唯一的问题。为了解决这一难题，我们遵循 Xu 和 Dietzenbacher（2014）的几何平均值方法来估算各部分的大小，即：

$$R_{rs}^{i}=\overline{R}_{fb}\overline{R}_{vb}\overline{R}_{e}=\sqrt{R_{fb}\hat{R}_{fb}}\sqrt{R_{vb}\hat{R}_{vb}}\sqrt{R_{e}\hat{R}_{e}} \quad (7-14)$$

考虑到（7－14）式不能直接用于分析技术关联、价值关联与出口需求对区际环境成本差异的影响，我们利用对数形式对其转换：

$$\ln R_{rs}^{i}=\ln IREC_{rs,t}^{i}-\ln IREC_{rs,t-1}^{i}=\ln\overline{R}_{fb}+\ln\overline{R}_{vb}+\ln\overline{R}_{e} \quad (7-15)$$

由于 $IREC_{rs}^{i} > 0$，自然对数函数是单调递增函数，因此我们仍然可以用 lnR_{rs}^{i} 刻画区际环境成本变动。

7.3　结果分析

7.3.1　中国制造业出口中的区际环境成本

本章关注的重点在于国内价值链的延伸能否推动区际环境成本的下降，因而需要基于出口中的区际增加值率与区际环境成本变动两个维度进行考察。

就区际增加值率来看，1997~2007 年制造业出口中的区际增加值率正在经历先下降后上升的变动过程。其中，加入 WTO 之前（1997~2002 年），中国制造业出口中的区际增加值率由 19.48% 快速降至 10.65%，而加入 WTO 之后（2002~2007 年），区际增加值率则由 10.65% 快速回升至 18.53%。相较于加入 WTO 之前，加入 WTO 之后的提升十分明显。对于这一差异，可能的原因在于区际流通壁垒的破除。受制于财政分权和行政集权的双重体制，区域之间的市场分割已经成为中国经济增长难以回避的现实挑战。但是，随着加入 WTO 之后的 FDI 流入，不受政府束缚的外资企业加快了区域之间的分工整合（黎峰，2016），从而推动了国内价值链的扩张。因而，中国制造业的区际分工呈现出了鲜明的阶段差异。

就区际环境成本来看，不同阶段的差异同样明显。1997~2007 年，区际环境成本经历了快速下降的阶段。其中，加入 WTO 之前，区际环境成本经历了由 0.6935 千吨/百万元~0.4067 千吨/百万元的快速下降，加入 WTO 之后，区际环境成本则是呈现出由 0.4067 千吨/百万元至 0.4079 千吨/百万元的缓慢提升。因而，整体来看，区际环境成本主要呈现“L”形波动。

对比区际增加值率占比与区际环境成本（见图7－2），可以发现：在区际分工相对萎缩的阶段，区际环境成本同样有所下降；而在区际分工不断扩大的阶段，区际环境成本反而有所提升。因此，截然不同的变动趋势表明，区际分工的扩大不仅未能推动区际环境成本的下降，反而在一定程度上推动了区际环境成本的上升。

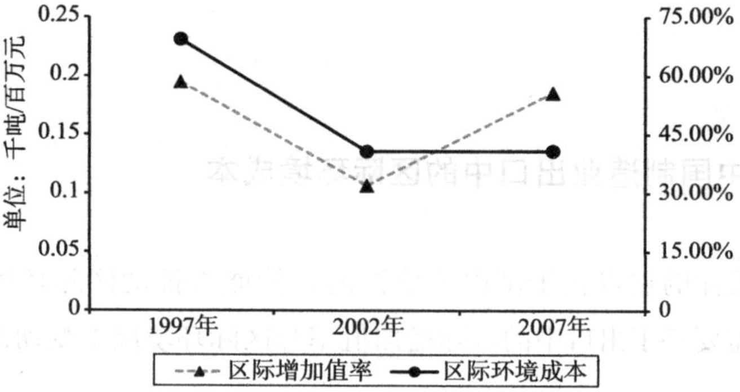

图7－2　1997～2007年区际增加值率与区际环境成本变动

7.3.2　不同地区、行业的区际环境成本变动特点

尽管整体来看，区际分工未能推动区际环境成本的降幅，但是以上分析并未涉及区域、行业差异。考虑到中国不仅地域广袤，而且区域之间的经济水平存在较大差距，国内制造业的部门之间同样存在技术分化，本章进一步分析国内价值链在不同地区、不同行业中的区际环境成本特点。

（1）区域测算结果

从区际增加值率来看（如图7－3的结果显示），除去京津地区与西北地区外，国内其他地区的区际增加值率都呈现出先下降后上升的变动。其中，京津地区的区际增加值率主要体现为加入WTO之前由16.21%～23.26%的快速上升与加入WTO之后由23.26%～23.04%的轻微下降，西北地区的区际增加值率则主要体现为加入WTO之前由23.30%～23.31%的滞缓上升与加入WTO之后由23.31%～18.50%的快速下降。究其原因可能在于以下两点：一方面，作为我国的行政中心，京津地区不仅拥有联系全国的交通网络，同时拥有一定的政策优势。因而，即使在加入WTO之前市场分割相对严峻的时期，凭借先天的区位优势，京津地区仍可大量吸收来自全国的中间投入，逐步成为八大区域中区际增加值率唯一上涨的区域。但在加入WTO之后，伴随着市场整合的加快，其他沿海地区亦加快了与内陆地区的分工关联，这就冲击了京津地区的先天优势，导致京津地区的区际增加值率略有下降。另一方面，作为距离海港最远的区域，西北地区出口的中间投入主要来自区域内部与区际之间。不过，受制于加入WTO之前的市场分割，这一时期的西北地区亦未实现区际调入占比的大幅提升。而随着加入WTO，尽管市场分割的格局有所转变，但是对外贸易壁垒的降低使得西北地区拥有更多的国际分工机会。因而，这一时期的西北地区更多地使用国外投入进行替代，从而降低了出口中的区际增加值率。因此，不同于其他地区，京津地区、西北地区的区际增加值率并未呈现“V”形波动。

从区际环境成本来看（如表7-1的结果显示），1997~2007年，内陆地区的区际环境成本大致在0.3434千吨/百万元~1.0094千吨/百万元之间，沿海地区的区际环境成本大致在0.2754千吨/百万元~0.6483千吨/百万元之间。相较于沿海地区，内陆地区的区际环境成本相对偏低。这一特点虽然看似令人诧异，却十分契合分工事实。由于区际分工多是按照自身与其他地区的差异进行互通有无，制造业与服务业相对集中的沿海地区更多地使用了来自内陆地区的初级产品，内陆则更多地使用了来自沿海地区的制成品或生产服务。根据排放强度，初级产品的单位CO_2排放量多是高于制造业、服务业，因此沿海地区的区际环境成本高于内陆地区并不出乎预期。而与之类似的是，尽管相较于观察期初，八大地区的区际环境成本都在下降，但是这种降幅呈现出了明显的区域与阶段差异。就区域而言，整个观察期内，除去京津地区的降幅较快外，其余沿海地区的区际环境成本降幅多在内陆地区之下。就阶段而言，区际环境成本降幅同样呈现近似“L”形的波动。加入WTO之前，八大区域的区际环境成本变动集中于-76.30%~-27.99%之间。而加入WTO之后，八大区域的区际环境成

本变动则集中于 -27.06%~29.69% 之间。并且，即使在区际环境成本持续下降的东北地区、京津地区、南部沿海与西北地区，下降程度亦在衰减。这意味着，区际环境成本下降主要集中于加入 WTO 之前。

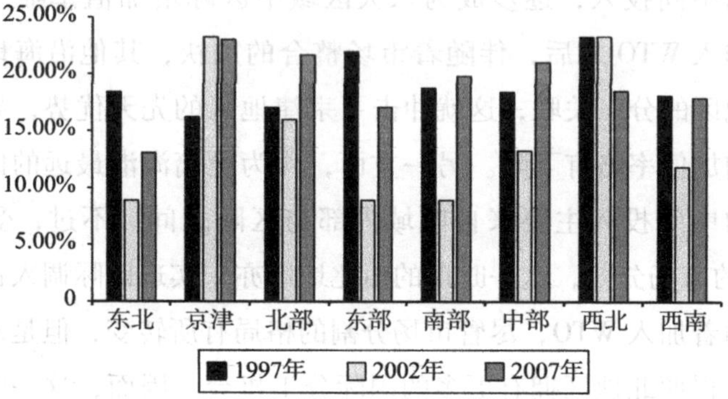

图 7-3　1997~2007 年不同地区制造业出口中的区际增加值率

表 7-1　1997~2007 年不同地区制造业出口中的区际环境成本变动

地区	区际环境成本（千吨/百万元）			区际环境成本变动（%）		
	1997 年	2002 年	2007 年	1997~2007 年	1997~2002 年	2002~2007 年
东北	0.6483	0.4719	0.4051	-47.02	-31.76	-15.26
京津	1.0094	0.5135	0.3917	-94.65	-67.60	-27.06
北部	0.7348	0.3434	0.4621	-46.39	-76.08	29.69
东部	0.7445	0.4452	0.4571	-48.77	-51.41	2.64
南部	0.6328	0.3732	0.3494	-59.39	-52.79	-6.60
中部	0.5918	0.3036	0.3444	-54.14	-66.73	12.59
西北	0.5667	0.4283	0.3383	-51.57	-27.99	-23.58
西南	0.5906	0.2754	0.2911	-70.76	-76.30	5.55

注：为了与 SDA 分解保持一致，这里的区际环境成本变动是指对数化处理后的数值。

对比不同地区的区际增加值率与区际环境成本变动特征，可以发现：一方面，除京津地区、西北地区之外的区域，区际增加值率都呈现先下降后上升的特征，区际环境成本则是由急速下降到逐步放缓。这表明，与国家总体的结果类似，国内价值链的扩张并未推动此类地区的区际环境成本降低。另一方面，对于区际增加值率并未呈现“V”形波动的京津地区与西北地区，区际环境成本的降低仍未受益于区际分工。对于京津地区而言，虽然加入WTO之前，京津地区的区际分工整合有所加快、区际环境成本亦在下降，但是区际环境成本的下降明显弱于北部沿海与西南地区；而在加入WTO之后，随着区际增加值率的下降，京津地区却成为区际环境成本下降最快的区域。对比区际增加值率和区际环境成本的变动，可以发现区际分工的萎缩更能推动京津地区的区际环境成本下降。同样，对于西北地区而言，在加入WTO之前，西北地区的区际分工整合相对缓慢，区际环境成本降幅亦是位列所有区域最低水平；在加入WTO之后，区际分工整合逐步萎缩，区际环境成本的下降却十分迅猛。因此，无论是对于区际增加值率"V"形变动的区域还是其他样本，区际分工整合都未有效推动区际环境成本的快速下降。

（2）行业测算结果

从区际增加值率来看（如图7-4的结果显示），行业的区际分工整合呈现如下特点：一是就变动趋势来看，行业区际分工整合呈现出"V"形变动。1997~2007年，11个制造业部门的区际增加值率都在经历先下降后上升的过程。二是就行业变动结构来看，区际分工整合呈现一定的技术升级特点。观察期初，区际增加值率最高的部门主要是中技术部门，其次是低技术部门，最后是高技术部门。而观察期末，虽然中技术部门的区际增加值率依然突出，但是随着高技术部门中机械工业（部门S10）、交通运输设备制造业（部门S11）的区际增加值率快速上升，高技术部门的区际增加值率逐步超越低技术部门，已经成为区际增加值率第二高的技术类别。由于高技术行业的生产过程需要的生产模块与技术更为复杂，单一区域很难独立完成外包任务，因而，随着加入WTO之后区际贸易壁垒的降低，高技术行业区际分工整合的提升更为明显。

从区际环境成本来看（如表7-2的结果显示），不同行业的区际环境成本变动呈现以下特点：一是就变动趋势而言，不同行业的区际环境成本变动同样集中于加入WTO之前。1997~2002年，各个行业的区际环境成本变动分布于-74.10%~-35.56%之间，而2002~2007年，各个行业的

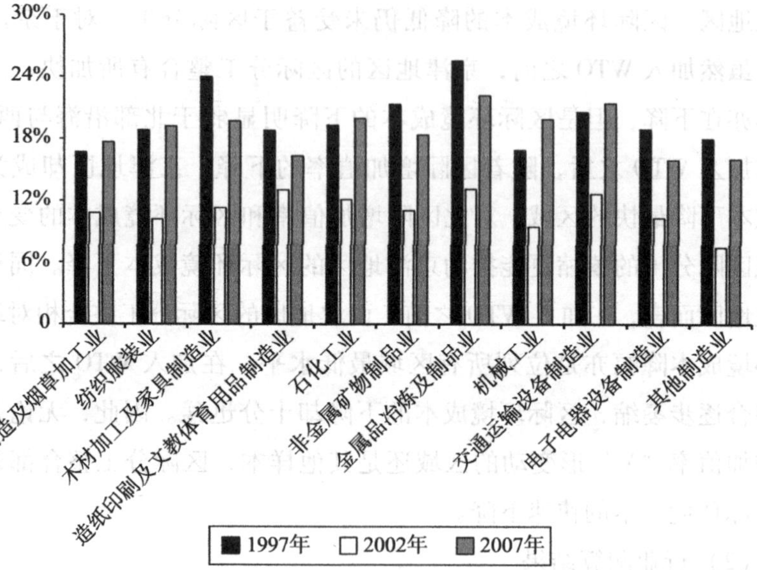

图 7 - 4 1997 ~ 2007 年不同行业制造业出口中的区际增加值率

区际环境成本变动则分布于 - 17.79% ~ 14.63% 之间。相比加入 WTO 之前，加入 WTO之后各个行业的区际环境成本下降不仅偏低，甚至呈现略有上升的迹象。并且，即使在区际环境成本持续上升的样本之内，加入 WTO之后的区际环境成本降幅甚至不足加入 WTO 之前的 30%。这表明，不同行业的区际环境成本下降仍然集中于加入 WTO 之前。二是就变动结构而言，区际环境成本仍是低技术行业占据主导优势。1997 年，低、中、高技术的区际环境成本分别位于 0.5024 千吨/百万元 ~ 0.7194 千吨/百万元、0.7601 千吨/百万元 ~ 0.9464 千吨/百万元与 0.6772 千吨/百万元 ~ 0.8650 千吨/百万元之间，2007 年，低、中、高技术的区际环境成本分别位于 0.2764 千吨/百万元 ~ 0.3896 千吨/百万元、0.5326 千吨/百万元 ~ 0.5977 千吨/百万元、0.4203 千吨/百万元 ~ 0.5024 千吨/百万元之间。尽管各个行业的区际环境成本都在下降，但是在整个观察期内，区际环境成本仍是按照中技术、高技术与低技术的顺序依次递减。由于低技术行业主要是劳动密集型部门，中技术行业主要是资源密集型部门，高技术行业则是知识密集型部门，因而中技术行业较高的排放成本并不出乎意料。但是，作为知识密集型的高技术部门，其区际环境成本却长期位居低技术部门之上。这意味着高技术行业的附加值优势可能仍未战胜自身 CO_2 排放的短板，致使高技术行业的优势无法凸显，区际环境成本的比较优势主要集中于低技术行业层面。

表 7 - 2　1997 ~ 2007 年不同制造行业出口中的区际环境成本变动

行业	区际环境成本（千吨/百万元）			区际环境成本变动（%）		
	1997 年	2002 年	2007 年	1997 ~ 2007 年	1997 ~ 2002 年	2002 ~ 2007 年
S03	0. 50235	0. 27636	0. 23669	-75. 25	-59. 76	-15. 50
S04	0. 54733	0. 31071	0. 30191	-59. 49	-56. 62	-2. 87
S05	0. 64516	0. 34791	0. 33452	-65. 68	-61. 76	-3. 92
S06	0. 65859	0. 31391	0. 36337	-59. 47	-74. 10	14. 63
S07	0. 67723	0. 42025	0. 35176	-65. 51	-47. 72	-17. 79
S08	0. 76009	0. 53263	0. 50541	-40. 81	-35. 56	-5. 25
S09	0. 94639	0. 59771	0. 53003	-57. 97	-45. 95	-12. 02
S10	0. 86501	0. 5024	0. 48608	-57. 64	-54. 33	-3. 30
S11	0. 81398	0. 45047	0. 39661	-71. 90	-59. 16	-12. 73
S12	0. 77252	0. 42567	0. 44608	-54. 92	-59. 60	4. 68
S13	0. 71939	0. 38962	0. 39714	-59. 41	-61. 32	1. 91

对比不同行业的区际增加值率与区际环境成本，可以发现区际分工仍未推动区际环境成本的持续下降。一方面，与国家总体的结果类似，行业层面的区际增加值率同样呈现“V”形变动，区际环境成本则是近似“L”形波动。虽然部分行业在加入 WTO 之后的区际环境成本仍有下降，但是变动幅度明显弱于加入 WTO 之前。这意味着，国内价值链的扩展仍未显著推动区际环境成本的降低。另一方面，尽管根据区际增加值率的结果显示，中国制造业出口的区际分工呈现技术结构的改善，但就区际环境成本而言，中国制造业出口的环境效益仍是按照由低技术到高技术再到中技术的顺序依次递减。由于高技术行业的区际调入并不一定来自低 CO_2 排放、高增加值中间投入，因而区际分工的扩展仍未有效推动区际环境成本的快速降低。

7.4 区际环境成本变动的影响因素分析

尽管国内价值链的延伸可以推动中国制造的价值攀升，但是这种分工整合并未推动中国环境效益的同步改进。而随着《巴黎气候变化协定》的签署、资源红利的褪去，低碳转型的紧迫性逐步凸显。在此背景下，我们有必要进一步追寻导致区际环境成本与分工背离的影响因素。鉴于此，本章利用SDA将区际环境成本的变动分解为排放强度、增加值率、投入结构与出口需求，系统刻画引致区际环境成本变动的主要因素。

7.4.1 基于国家层面的变动分解

图7-5的结果显示，就数值变动而言，1997~2007年，中国制造业出口中的区际环境成本经历了-53.07%的变动，其中1997~2002年与2002~2007年的变动分别为-53.37%、0.30%。相比加入WTO之前，加入WTO之后的区际环境成本变动不仅未有降幅，甚至呈现轻微上涨。这意味着，区际环境成本的下降主要来自加入WTO之前。就具体因素而言，1997~2007年，影响区际环境成本变动的因素按照技术关联、出口需求与价值关联的顺序依次递减，而1997~2002年与2002~2007年，影响中国制造业区际环境成本变动的因素则分别按照技术关联、价值关联、出口需求与价值关联、技术关联、出口需求的顺序依次递减。由于各个时期不同影响因素的位序变化较大，这就意味着对于中国制造业出口的变动分解需要兼顾不同阶段、不同因素进行考察。

具体来看，就技术关联而言，1997~2007年，区际环境成本呈现53.07%的降幅，其中排放强度引致了-67.29%的变动。这表明，区际环境成本的变动主要取决于清洁技术的使用。分阶段来看，技术关联引致的区际环境成本降幅主要集中于加入WTO之前。1997~2002年，技术关联

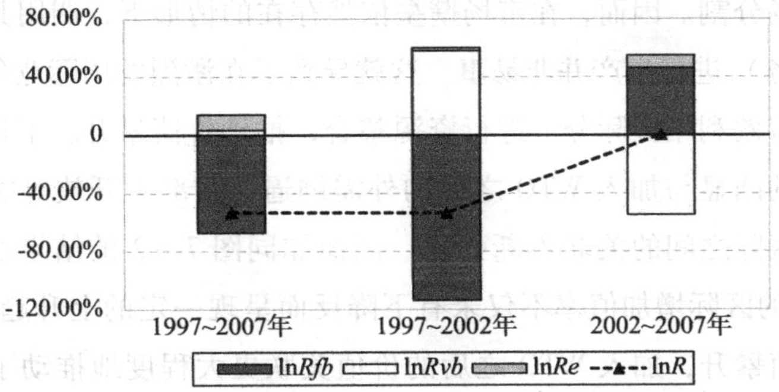

图 7－5　区际价环境成本变化的结构分解分析

引致了区际环境成本 113.66% 的降幅，而 2002～2007 年，技术关联则引致了区际环境成本 46.37% 的涨幅。对于这一变动差异，可能的原因在于以下两点：一方面，随着环境问题的凸显，中央政府多次将环境指标列入政府发展规划之中。因而，环境压力的提升，倒逼了中国制造业采取相对清洁的模式进行生产。另一方面，随着对外开放的强化，中国制造需要面对更为激烈的国际竞争。但受禀赋因素所限，中国制造的比较优势主要体现为组装加工环节。为了取得更多的市场份额，中国制造更加侧重于组装加工环节的强化。如同第 5 章所示，尽管加入 WTO 之后的区际关联有所强化，但是区际关联的强化主要侧重于高能耗的初级产品。因而，受制于组装加工的粗放发展导向，加入 WTO 之后技术关联不仅未能推动区际环境成本的下降，反而一定程度上推动了区际环境成本的涨幅。

就价值关联而言，1997～2007 年，价值关联引致了区际环境成本 3.54% 的轻微涨幅。尽管数值相对微弱，但这并不意味着价值关联对区际环境成本的影响无关紧要。这是因为，价值关联相对微弱的影响力度主要在于加入 WTO 前后的作用分化。1997～2002 年，价值关联引致了区际环境成本 58.27% 的变动；2002～2007 年，价值关联却引致了区际环境成本 －54.73% 的变动。由于两个阶段的数值较为接近、符号方向相反，因而价值关联引致的区际环境成本变动较低。那么，作为推动价值攀升的重要基准，价值关联缘何呈现分化趋势？究其原因，可能在于加入 WTO 前后的发展模式差异。由于长期的财政分权与行政集权，国内地区之间存在较为严重的市场分割。因而，在市场壁垒依然存在的情形下，调用其他地区的产品（服务）进行生产并非易事。这就导致了在激烈的国际竞争中，中国制造难以有效利用区际分工进行资源整合，推动价值攀升。不过，伴随着这一困境的凸显与加入 WTO 之后的外需倒逼，西部大开放等宏观政策相继出台，区际之间的关联不断强化。因而如同图 7－2 的结果所示，加入 WTO 之后的区际增加值率不仅未有下降反而呈现一定的上升趋势。因此，借助于价值攀升，加入 WTO 之后的价值关联更大程度地推动了区际环境成本的降幅。

就出口需求而言，整个观察期内，出口需求的变化引致了 10.68% 的区际环境成本涨幅。其中，加入 WTO 之前，出口需求引致了区际环境成本 2.02% 的变动，而加入 WTO 之后，出口需求引致的区际环境成本变动则逐步上涨至 8.66%。尽管整体来看，出口需求引致的环境成本变动高于价值关联，但分阶段来看，无论是在哪一时期，出口需求对区际环境成本变动的影响力度都在技术关联、价值关联之下。这意味着，尽管与出口俘获的理论类似，出口需求的扩大客观上不利于区际环境成本下降，但是相比增加值系数与投入结构，出口需求的作用十分羸弱。因而，单纯立足出口需求结构的转变，难以有效推动区际环境成本的快速降幅。若要进一步地推动中国制造的低碳发展，更需侧重于区际关联。

7.4.2 基于区域层面的变动分解

分区域的结果表明（见表 7－3），八大区域的区际环境成本降幅主要集中于加入 WTO 之前。1997～2007 年，区际环境成本呈现 －94.65%～－46.39% 的变动。除京津地区与西南地区之外，其余地区的环境成本降幅多集中于 45%～60% 之间。其中，在 1997～2002 年，八大区域的区际环境成本呈现 －76.30%～－27.99% 的变动；在 2002～2007 年，八大区域的区际环境成本则呈现 －27.06%～29.69% 的变动。尽管相比加入 WTO 之前，在加入 WTO 之后，部分地区的区际环境成本下降的趋势有所逆转，但就变动方向来看，无论是哪一区域，加入 WTO 之后的区际环境成本降幅都是低于加入 WTO 之前。这表明，与国家层面的分析类似，加入 WTO 同样未能推动各个区域的低碳发展。

表 7-3　影响不同区域制造业出口中区际环境成本变化的驱动因素　（单位：%）

地区		东北	京津	北部	东部	南部	中部	西北	西南
1997～2007 年	ln*Rfb*	-79.33	-47.58	-17.34	-85.87	-62.90	-62.96	-97.48	-86.92
	ln*Rvb*	32.38	-52.37	-26.25	24.79	-5.07	-0.70	20.09	8.93
	ln*Re*	-0.08	5.30	-2.79	12.31	8.58	9.52	25.82	7.23
	ln*R*	-47.02	-94.65	-46.39	-48.77	-59.39	-54.14	-51.57	-70.76
1997～2002 年	ln*Rfb*	-96.99	-15.86	-66.40	-144.93	-133.47	-107.68	-40.69	-128.96
	ln*Rvb*	71.49	-49.79	-0.28	89.97	74.57	38.27	0.46	46.86
	ln*Re*	-6.25	-1.94	-9.40	3.55	6.11	2.68	12.25	5.80
	ln*R*	-31.76	-67.60	-76.08	-51.41	-52.79	-66.73	-27.99	-76.30
2002～2007 年	ln*Rfb*	17.66	-31.72	49.07	59.06	70.57	44.72	-56.79	42.05
	ln*Rvb*	-39.10	-2.58	-25.98	-65.18	-79.64	-38.97	19.63	-37.93
	ln*Re*	6.17	7.24	6.60	8.77	2.47	6.84	13.58	1.43
	ln*R*	-15.26	-27.06	29.69	2.64	-6.60	12.59	-23.58	5.55

细分影响因素来看，就技术关联而言，1997～2007 年，技术关联引致了区际环境成本 -97.48%～-17.34% 的变动。由于这一时期的区际环境成本呈现 46.39%～94.65% 的降幅，因而技术关联已经构成了多数区域环境成本降幅的主要原因。分阶段来看，与区际环境成本的变动趋势一致，加入 WTO 之后技术关联引致的区际环境成本降幅不仅有所下降，甚至呈现逆转之势。1997～2002 年，技术关联引致了区际环境成本 -144.93%～-15.86% 的变动，2002～2007 年，技术关联则引致了区际环境成本 -56.79%～70.57% 的变动。这意味着，无论是整体还是分阶段来看，技术关联仍是区际环境成本变动的主导因素。

就价值关联而言，1997～2007 年，价值关联引致了区际环境成本 -52.37%～32.38% 的变动。其中，价值关联对区际环境成本的降幅作用主要集中在京津地区、北部沿海、南部沿海与中部地区，增幅作用则集中于东北地区、东部沿海、西北地区与西南地区。虽然价值关联对不同样本区际环境成本的影响有所分化，但是其对多数区域的变动影响仍与总体特征类似。在加入 WTO 之前，价值关联引致了区际环境成本 -49.79%~89.97% 的变动。除京津地区与北部沿海外，价值关联都在推动区际环境成本的提升。而在加入 WTO 之后，价值关联则引致了区际环境成本 -79.64%~19.63% 的变动。除西北地区外，价值关联都在推动区际环境成本的降幅。这意味着，通过价值关联的推进，加入 WTO 政策有效带动了区际环境成本的降幅。

就出口需求而言，1997~2007 年，出口需求引致了区际环境成本 -2.79%~25.82% 的变动。除南部沿海、中部地区与西北地区外，出口需求对区际环境成本的影响力度都在技术关联、价值关联之下。进一步分阶段来看，出口需求影响微弱的特点更为明显。1997~2002 年，技术关联、价值关联与出口需求引致了南部沿海 -133.47%、74.57% 与 6.11% 的区际环境成本变动，引致了中部地区 -107.68%、38.27% 与 2.68% 的区际环境成本变动，引致了西北地区 -40.69%、0.46% 与 12.25% 的区际环境成本变动。除西北地区外，出口需求引致环境成本变动的力度都是最为微弱的。而 2002~2007 年，技术关联、价值关联与出口需求引致了南部沿海 70.57%、-79.64% 与 2.47% 的区际环境成本变动，引致了中部地区 44.72%、-38.97% 与 6.84% 的区际环境成本变动，引致了西北地区 -56.79%、19.63% 与 13.58% 的区际环境成本变动。这意味着，随着加入 WTO，出口需求对区际环境成本的影响力度逐步弱化。因此，与国家层面的分析类似，八大区域的分解结果再次表明，相比技术关联与价值关联，出口需求并未成为影响区际环境成本变动的主导因素；只有进一步强化区域之间的内部关联，才能真正有效地利用区际分工推动中国制造的低碳发展。

7.4.3 基于双边区域的变动分解

通过国家与区域层面的分解可以发现，区际环境成本的变动主要取决于技术关联与价值关联。考虑到技术关联、价值关联并非单纯地取决于某一区域，而是通过“区域—区域”之间的互动进行构建。为了进一步明晰区际环境成本变动的约束与动力，本章进一步按照“区域—区域”的类型进行技术关联与价值关联的变动分解。结果如表 7－4 所示。

表 7－4　　分阶段的技术关联与价值关联变动分解　　（单位：%）

		区域	东北	京津	北部	东部	南部	中部	西北	西南
1997～2002年	技术关联	东北	0.00	-95.55	-162.84	-182.51	-59.00	-101.15	-50.43	42.08
		京津	53.43	0.00	-21.58	1.47	63.27	-65.41	8.79	105.26
		北部	-74.17	-25.53	0.00	-117.96	-12.22	-68.10	-63.08	0.53
		东部	-172.12	-179.71	-230.40	0.00	-97.98	-141.43	-86.54	-76.11
		南部	-108.35	-151.22	-215.27	-127.91	0.00	-145.53	-112.83	-82.52
		中部	-102.65	-140.77	-174.05	-47.61	-45.12	0.00	-141.00	-76.98
		西北	-59.88	-108.34	-82.78	-59.82	27.85	-70.31	0.00	57.69
		西南	-48.87	-131.07	-201.12	-119.62	-44.65	-164.58	-114.35	0.00
	价值关联	东北	0.00	35.24	134.82	122.26	14.89	87.06	-2.93	-33.17
		京津	-118.59	0.00	-37.40	-51.35	-103.05	-19.13	2.65	-95.35
		北部	10.36	-40.34	0.00	36.34	-27.67	-12.59	30.68	-47.39
		东部	113.97	128.39	183.18	0.00	49.86	74.48	36.94	54.00
		南部	32.40	50.83	152.82	62.05	0.00	85.71	58.16	41.06
		中部	32.88	97.20	127.64	-9.80	-9.31	0.00	68.21	41.07
		西北	-30.60	71.00	51.46	7.41	-62.04	23.70	0.00	-67.35
		西南	-37.91	59.73	151.39	48.87	-18.34	84.57	55.08	0.00
2002～2007年	技术关联	东北	0.00	47.60	76.43	1.82	50.29	-28.22	37.96	-56.44
		京津	-7.80	0.00	-28.75	-52.10	13.17	-78.63	13.93	-78.89
		北部	69.42	26.15	0.00	-11.47	45.24	29.87	105.67	51.48
		东部	117.10	76.57	88.30	0.00	31.44	36.58	89.46	42.00
		南部	104.54	60.71	147.00	45.51	0.00	39.48	145.93	38.25
		中部	92.34	62.93	100.06	-34.75	38.67	0.00	59.10	16.46
		西北	-20.11	-5.97	21.37	-51.67	-7.86	-74.59	0.00	-145.40
		西南	46.48	44.58	105.61	-1.86	42.49	-2.78	77.39	0.00

续表

		区域	东北	京津	北部	东部	南部	中部	西北	西南
2002~2007年	价值关联	东北	0.00	-78.17	-83.57	-4.93	-31.15	-4.23	-60.72	17.47
		京津	15.86	0.00	-19.61	32.34	-9.97	29.57	-77.50	29.30
		北部	-33.71	-72.21	0.00	34.74	-23.32	-1.37	-103.74	-26.54
		东部	-131.09	-133.68	-79.35	0.00	-13.06	-49.38	-122.95	-53.77
		南部	-122.16	-72.98	-117.46	-58.79	0.00	-61.75	-170.90	-51.66
		中部	-110.09	-136.89	-86.38	24.06	-13.35	0.00	-90.84	-27.03
		西北	11.08	-84.31	-34.03	41.05	20.42	36.84	0.00	72.47
		西南	-56.58	-90.18	-83.69	11.41	-27.92	-6.32	-109.60	0.00

在加入 WTO 之前，区际环境成本的降幅主要来自技术关联。就技术关联而言，作为供给来源，京津地区、北部沿海与中部地区都在引致其他区域环境成本的降幅；东北地区、东部沿海、南部沿海与西北地区则引致了除京津地区之外其余六个区域环境成本的降幅；西南地区则引致了除东部沿海、南部沿海与中部地区外，其余地区环境成本的增幅。这意味着，通过技术关联，多数地区都在有效推动下游地区的环境成本降幅。并且，这一降幅作用更多来自沿海地区的供给。不过，与技术关联不同，价值关联则呈现出了相反的变动特征。1997～2002 年，多数地区都通过价值关联为下游地区引致了更多的环境成本增幅。其中，东北地区、中部地区、西北地区与西南地区引致的环境成本降幅区域分别为 3 个、2 个、1 个与 4 个，京津地区、北部沿海、南部沿海与东部沿海引致的环境成本降幅区域分别为 1 个、1 个、2 个与 5 个。这意味着，一方面，相比技术关联，价值关联不仅未能有效推动环境成本的降幅，反而更大程度上推动了环境成本的增幅。另一方面，由于内陆地区对外开放较晚、国外中间投入使用比例较低，因而相比沿海地区，内陆地区通过价值关联引致的环境成本增幅并不突出。不过，需要注意的是，尽管沿海地区通过技术关联与价值关联所发挥作用截然相反，但受益于技术关联引致的环境成本降幅更多，沿海地区通过区际关联引致的环境成本降幅多在内陆地区之上。1997～2002 年，沿海地区通过区际关联引致了下游地区 -100.40%～ -34.20% 的环境成本

变动，内陆地区则通过区际关联引致了下游区域环境成本 -90.50%~11.40%的变动。相比内陆地区，沿海地区引致的变动方向不仅较为一致，并且数值更为庞大。尤其是沿海地区中的京津地区、东部沿海，通过区际关联，此类区域为下游地区引致的环境成本降幅多在55%以上，逐步构成了区际环境成本下降的主要供给来源。

在加入WTO之后，环境成本的降幅则主要依靠价值关联的带动。就技术关联而言，作为供给来源，东北地区引致了除京津地区、西北地区外其余地区的环境成本增幅；京津地区、南部沿海引致了除西北地区外其余地区的环境成本增幅；北部沿海引致了除京津地区外其余地区的环境成本增幅；东部沿海引致了除东北地区、南部沿海外其余地区的环境成本降幅；中部地区引致了除东北地区、京津地区、西北地区与西南地区外其余地区的环境成本增幅；西北地区引致了所有地区的环境成本增幅；西南地区则引致了除东北地区、京津地区与西北地区外其余地区的环境成本增幅。这意味着，除东部沿海外，多数地区都通过技术关联推动了下游地区的环境成本增幅。究其原因，主要在于加入WTO之后的区际关联强化主要通过初级产品与制成品的增幅实现。由于这两类产品的含污量较高，因而这一时期的技术关联引致了更多的环境成本增幅。不过，与技术关联不同的是，价值关联引致了更多的环境成本降幅。作为供给来源，东北地区引致了除京津地区、西北地区外其余地区的环境成本降幅；京津地区、北部沿海与西北地区引致了所有地区的环境成本降幅；东部沿海引致了除南部沿海外其余地区的环境成本增幅；南部沿海引致了除西北地区外其余地区的环境成本增幅；中部地区引致了除京津地区与西北地区外其余地区的环境成本降幅；西南地区引致了除东北地区、京津地区与西北地区外其余地区的环境成本增幅。这表明，相比沿海地区，内陆地区引致的环境成本降幅更多。由于西部大开发等战略政策的推进，内陆地区逐步强化了与其他地区的联系。通过为下游地区供给更多的中间投入，内陆地区不断推动了区际环境成本的降幅。但是，受制于价值关联的降幅作用相对有限，2002~2007年，除京津地区通过区际关联引致了下游地区 -90.30%~-12.30%的变动外，其余地区都未大规模引致下游地区环境成本降幅。这意味着，加入 WTO 之后的区际关联未能有效推动环境成本的快速降幅。

对比加入 WTO 前后的阶段性特征，可以发现区际环境成本的“L”形波动主要源自关联类型的转变。在加入 WTO 之前，由于国际竞争并不激烈，区域之间主要利用区域内部的中间产品（服务）满足出口生产。尽管国内价值链条无法得到充分延伸，但受益于沿海地区尚未脱离国内分工，这一时期的沿海地区仍通过技术关联有效推动了环境成本的降幅。而在加入 WTO 之后，随着出口竞争的加剧，中央政府被迫更多地采用政策手段进行了中间产品（服务）的跨区调度。由于服务的可贸易性差，加入 WTO 之后的中间调度多是内陆支撑沿海、初级产品支撑制造部门。但受制于内陆地区的生产技术落后、初级产品的排放量巨大，区际分工在强化价值关联减排作用的同时，也放大了技术关联的增排效应。因而，随着沿海地区尤其是东部沿海与下游地区的区际关联减排作用弱化，区际环境成本的降幅趋势逐步逆转。因此，只有进一步加快市场整合，扭转沿海地区的区际分工脱离，才能充分利用国内价值链条，推动中国制造业的低碳发展。

7.5 本章小结

尽管立足区际分工延伸国内价值链的发展战略被视为促进中国制造转型升级的重要途径，但受制于研究视角的缺失，鲜有文献立足环境效益的视角进行考察。有鉴于此，本章通过借鉴与扩展最新的投入产出模型，测算和分析了中国制造业出口中国内价值链扩张与区际环境成本变动之间的关系，并进一步采用 MRIO - SDA 方法考察了区际环境成本变动的主要驱动因素及其影响机制，得到以下主要结论：

①从区际分工来看，尽管受制于市场分割，1997 ~ 2002 年制造业出口中的区际增加值率有所下降，但是随着加入 WTO 之后的外需倒逼，2002 ~ 2007 年制造业出口中的区际增加值率却再次回升。不过从污染排放

来看，1997～2002年，区际环境成本下降迅猛，而2002～2007年，区际环境成本却轻微上涨。这表明，无论是在加入WTO之前还是加入WTO之后，区际分工的扩大都未推动区际环境成本的下降。因而，单纯借助外需整合的国内价值链难以推动中国制造的持续发展。

②分区域来看，除京津地区与西北地区外，其余地区制造业出口中的区际增加值率与区际环境成本分别呈现"V"形与近似"L"形变动；即使在制造业出口增加值率先上升后下降的京津地区与西北地区，区际增加值率与区际环境成本亦未呈现反向变动之势。分行业来看，中国制造业出口中的区际增加值率与区际环境成本不仅呈现"V"形与近似"L"形变动，区际分工的增加值率与区际环境成本同样呈现结构差异。这主要体现在，区际分工呈现高技术行业不断改进，区际环境成本却仍然停留于低技术行业带动。这意味着，即使考虑区域与行业的异质性，国内价值链扩张未能有效推动中国制造业低碳转型的结论仍然成立。

③鉴于区际分工与环境效益的改进相互背离，本章利用结构分解进行了区际环境成本变动的结构分解。整体来看，技术关联在1997～2002年与2002～2007年，分别引致了区际环境成本－113.66%与46.37%的变动。价值关联在1997～2002年与2002～2007年，分别引致了区际环境成本58.27%与－4.73%的环境成本变动。出口需求在1997～2002年与2002～2007年，分别引致了区际环境成本2.02%与8.66%的变动。相比技术关联与价值关联，出口需求对区际环境成本的影响都十分微弱。分区域来看，除南部沿海、中部地区与西北地区外，出口需求对区际环境成本的影响力度都在技术关联、价值关联之下。并且，即使对这类样本而言，出口需求对区际环境成本的影响力度亦在呈现弱化的特点。这意味着，区际环境成本的变化主要取决于技术关联与价值关联，过度聚焦于出口需求的变动难以从实质上推动区际环境效益的改进。

④考虑到技术关联、价值关联需要涉及不同区域之间的分工往来，本章进一步基于双边路径进行变动分解。结果发现，在加入WTO之前，由于区际贸易成本较高，国内价值链条多被局限在区域内部，这就导致了价值关联的减排作用难以得到发挥。不过，受益于环境规制与生产技术较为

清洁，通过强化与下游地区的技术关联，沿海地区仍然推动了区际环境成本降幅。而在加入WTO之后，随着西部大开发的推进，区域之间的贸易成本有所降低。通过为其他地区供给更多的初级产品，价值关联的减排逐渐凸显。不过，受制于沿海地区的分工缺位，作为生产技术相对落后的区域，内陆地区在强化与下游地区价值关联的同时，亦引致了大量的CO_2排放，这就导致了加入WTO之后区际环境成本的降幅趋势逐渐逆转。因此，只有进一步加快市场整合，扭转沿海地区的区际分工脱离，才能充分利用国内价值链条推动中国制造业的低碳发展。

第 8 章

结论与政策建议

8.1 主要结论

随着金融危机之后多重压力叠加，贸易的可持续发展问题逐渐凸显，改变“大而不强”的困境日益紧迫。对此，尽管已有学者从多个角度进行了丰富拓展，但却鲜有学者结合国内价值链，进行“制造大国”转型升级的探讨。鉴于此，本书借助中国八大地区的区域间投入产出表和相关能耗数据，立足价值攀升、服务化转型与低碳转型等多个视角，量化分析了国内价值链对中国制造业出口转型升级的影响。各章的小结部分比较详细地归纳了各章的研究结果，这里简要地总结本书的主要结论：

第一，不同于已有研究，本书发现出口需求对于经济增长的贡献率并未低于外地需求。如果采用考虑区际出口的 MRIO 模型，本地需求的贡献率最高，出口需求则与外地需求交替上升，共同成为经济增长的另一动力来源。但是，如果使用 SRIO 模型，出口需求的贡献率则会大幅低于外地需求。由于单区域投入产出无法追寻区际调出后的最终流向，这将导致部分区际出口需求归为外地需求，从而低估了出口需求的贡献率、高估了外地需求的贡献率。并且，随着区际分工的推进，区际出口份额增幅已经大幅超过区域出口，区际出口正在成为推动出口贡献率增长的重要力量。因此，伴随国内价值链的发展，SRIO 模型下对于出口贡献率的测算偏误将会被进一步放大。

第二，细分地区与行业的结果显示，出口需求仍是经济增长的重要来源。在区域层面，东部沿海与南部沿海的出口需求贡献率已经超过外地需求，成为经济增长的重要动力；而内陆地区亦在借助国内价值链条实现出口贡献率的快速提升。在部门层面，制造业中的出口贡献率最高，甚至超过本地需求，正在成为经济增长的首要动力；同样，伴随着区际分工的扩展，其他行业的出口贡献率同时得到了较快的提升。显然，随着国内价值链的发展，更多的上游地区、行业正在分享出口获益。不过，值得注意的是，由于区际出口增幅快于区域出口，但东南沿海与制造行业的出口更加偏重于区域内部，这就使得出口贡献率占比与出口贡献率相互背离，出口贡献率增幅呈现收敛迹象。

第三，相比增加值贸易测度，传统贸易的测度结果可能很难反映价值链分工特点。一方面，如果使用增加值贸易进行测度，就会发现相较于观察期初，观察期末的区际贸易成本有所下降。并且，即使细分地区与行业，区际环境成本下降的结论仍未改变。如果使用传统贸易进行测度，就会发现相较于观察期初，观察期末的区际贸易成本仍在上升。并且，在区域层面，区际贸易成本的上升主要表现为沿海地区的推动。在行业层面，区际贸易成本的上升则集中体现为服务业与其他行业带动。另一方面，如果使用增加值贸易进行测度，就会发现区际贸易成本的降幅按照初级产品、制造业、其他行业与服务业的顺序依次递减，区域间的市场整合呈现低端整合的发展方向。如果使用传统贸易进行测度，就会发现区际贸易成本降幅最快的仍是制造业，初级产品的下降十分微弱。由于传统贸易很难反映价值链下的间接出口，忽略中间品贸易的特点，使其测度结果存在很大程度的高估。

第四，尽管整个观察期内，中国区际贸易成本有所下降，但是当前的分工整合存在着低端发展的困境。首先，从发展阶段来看，区际贸易成本的变动并非持续下降过程，而是呈现先上升后下降的倒“V”形波动。这意味着，区际市场整合可能更多的来自外需倒逼，内部整合动力仍是相对匮乏。其次，从内外贸易成本对比来看，中国的区际贸易成本下降呈现初级产品最快，而外贸整合仍是制造业最快的特点。这表明，低端化整合并非由增加值贸易核算方式造成，而是中国国内市场整合的特有现象。最后，通过扩展分析，本书发现地理位置临近、产业同构、政策调度相继构成了影响贸易成本整合的主要因素，但受制于邻区偏少、政策调度缺失以及产业同构性偏高的多重劣势，出口便利的东部沿海逐步放弃了国内市场的介入，致使国内贸易成本不断升高。并且，这一特点在服务行业层面更为凸显。不过，过度参与全球分工的服务行业可能面临着出口俘获挑战。一旦东部沿海的服务行业陷入出口俘获，东部沿海将会更加依赖内陆地区的初级产品进行组装加工模式的整合，这将掐断中国产业升级的道路，致使中国国内分工面临“低端行业整合加快→服务行业过度出口→出口俘获→低端行业整合进一步强化”的恶性循环。

第五，基于增加值率的测算，本书发现国内价值链的扩张推动了制造业出口的价值攀升。1997~2002年与2002~2007年，中国制造业出口分别增加了85.64%与352.77%，出口中的国内增加值率则分别下降了6.57%与0.33%。如果按照出口俘获理论，随着出口规模的扩大，2002~2007年国内增加值率将会下降得更为迅猛。这一有悖于传统预期的结果表明，中国制造业似乎具备了抵御出口俘获的能力。进一步细分国内增加值来源，本书发现“抵御”能力的提升主要来自国内价值链条的延伸。1997~2002年，由于区际市场分割，中国制造业的国内分工主要局限于区域内部，区际之间的分工则相对萎缩。2002~2007年，随着区际贸易成本的下降，国内生产环节呈现出了区际分工替代区域分工的迹象。这意味着，借助国内价值链的延伸，中国制造有效遏制了出口利得下降的趋势。

第六，分区域来看，国内价值链对于沿海地区价值攀升的作用更为凸显。尽管就国内增加值率而言，沿海地区的国内增加值率普遍低于内陆地区，但是伴随着对外开放的深化，内陆地区出口中的国内增加值率呈现出了更大幅度的下降。究其原因，主要在于沿海地区更加偏好于区际调入。以2002~2007年为例，多数沿海地区的区际增加值率涨幅都在内陆地区之上。这表明，国内价值链整合已经构成了不同地区价值攀升分化的主要原因。并且，即使进一步扩展于行业层面，国内价值链的止损作用不仅未能动摇，反而得到了更多的高技术行业的经验支撑。

第七，国内价值链对于价值攀升的影响主要取决于区际关联。结构分解表明，1997~2007年，出口需求虽然引致了京津地区、北部沿海与西北地区的区际增加值率降幅，却推动了其他样本的区际增加值率增幅。并且，就降幅程度而言，除京津地区外，出口需求引致的降幅都在区际关联之下。这表明，区际增加值率的变动主要取决于区际关联。不过，受制于东部沿海对其他地区的供给缺位，区际关联的“断点”与“裂缝”逐步凸显。因而，强化东部沿海与内陆之间的供给联系，才能进一步地利用国内价值链推动中国制造的价值攀升。

第八，国内价值链的扩张并未推动中国制造业出口的服务化转型。1997～2007年，中国制造业出口中的区际增加值变动按照初级产品、制成品与服务投入的顺序依次递减。这表明，区际分工整合虽有强化，但是这种强化并不符合制造业的发展方向。恰恰相反的是，由于服务嵌入呈现降幅态势，中国制造甚至存在低端锁定的风险。进一步结合发育特征，本书发现初级产品的输出主要来自西北地区，制成品与服务的输出主要来自中部地区，而东部沿海却是输出最低、获益最高。这就导致了区际商品（服务）嵌入仅仅呈现单向流动格局，国内价值链缺乏良性互动循环。并且，由于服务业相对发达的东部沿海分工职能缺位，国内价值链中的服务错位程度长期居高不下，这一特点不仅阻断了沿海反哺内陆分工体系的形成，同时导致了服务业本地市场效应的丧失，加重了中国制造业转型升级中高级要素缺失的困境。

第九，国内价值链中的服务化转型困境主要来自区域间的市场分割。1997～2007年，尽管初级产品与制成品的匹配程度优于服务投入，但这并不意味着二者的市场发育更为完善。受制于加入WTO之前的贸易壁垒，全国性的要素流动十分困难；而得益于西部大开发的政策，初级产品市场形成了以西北地区供给全国的专业分工格局；同样，由于中部地区处于我国的几何中心，毗邻众多区域的地缘优势也推动了中部地区成为局部的制成品与服务投入供给来源。但是，相比西北地区的政策导向与中部地区的地缘优势，偏居一隅的东南沿海无法克服区际壁垒，被迫更多地嵌入国际生产链条，致使服务投入供给缺位、服务化转型愈加困难。因此，单纯地将转型困境归咎于出口俘获或东部沿海定位偏低的结论并不客观，加快市场整合、打破内部壁垒，才能真正推动中国制造的服务化转型。

第十，国内价值链的扩张并未推动环境成本的下降。就环境成本来看，环境成本的下降主要集中在加入WTO之前。1997～2002年，国内价值链中的环境成本经历了0.6935千吨/百万元～0.4067千吨/百万元的快速下降，2002～2007年，国内价值链中的环境成本则是呈现0.4067千吨/百万元～0.40788千吨/百万元的缓慢上涨。而在相同时期，区际增加值率却在呈现“V”形波动。这意味着，无论是在加入WTO之前还是加入WTO之后，区际分工的扩大都未推动环境成本的降幅。并且，即使考虑到区域、行业的异质性，区际分工未能有效推动区际环境成本下降的结论依然成立。

第十一，国内价值链与低碳转型的背离主要在于沿海地区的区际分工脱离。在总体层面，本书发现环境成本的降幅主要来自技术关联与价值关联的变化。相比技术关联与价值关联，出口需求带来的环境成本变动微乎其微。并且，即使考虑到区域异质性，这一特征仍未动摇。进一步将技术关联与价值关联按照双边路径进行拆分，本书发现在加入WTO之前，由于区际贸易成本较高，国内生产环节多被束缚于区域内部。不过，受益于沿海地区的技术较为清洁，沿海地区仍能通过区际关联渠道，带动下游地区环境成本快速下降。而在加入WTO之后，随着西部大开发的推进，内陆地区参与区际分工的程度不断提升。尽管这一特点推动了价值关联的减排作用强化，但受制于沿海地区的区际分工脱离以及内陆地区的技术落后，技术关联的增排作用逐步凸显。这就导致了加入WTO之后的环境成本降幅趋势逐渐逆转，区际环境效益与区际分工整合的逐渐背离。因此，进一步加快市场整合，扭转沿海地区的区际分工脱离，才能充分利用国内价值链条，推动中国制造业的低碳发展。

8.2　政策建议

在外部需求低迷、内部成本不断上涨的多重压力叠加下，本书的以上发现对于如何利用国内价值链，实现中国制造的转型升级有着重要的政策启示。

第一，重视区域政策调整，加快资源要素重组，推进区际分工合作。通过40多年的改革开放，中国虽然初步形成了全方位的开放体系，但是由于各个区域都是专注组装加工环节，这就导致了“大国优势”的丧失，各个区域很难利用区际分工延伸国内生产环节。因而，在未来的发展中，应该利用中国作为异质性和零碎性大国的特征，充分发挥各个地区的禀赋优势，运用出口学习经验，发展协同创新能力，形成符合自身优势的差异化分工。具体而言，在区际分工过程中，东部地区应当以“自贸区”建设为契机，加快传统产业向中西部地区的转移速度，进而为装备制造业与现代服务业的发展腾出更多的空间，为自身迈向国内价值链的高端环节打下基础。西部地区则应充分发挥能源富足优势，进一步提升资源产品加工能力，集中优势打造成为国内的资源能源输出基地。中部地区则应发挥其“几何中心”的区位优势与劳动充裕的禀赋优势，利用东部地区的生产性服务与西部地区初级产品进行加工组装，成为国内价值链的“制造枢纽”。由此形成“东部地区从事研发设计、品牌运营—中部地区进行组装生产—西部地区提供初级产品”的国内价值链分工格局。

第二，加快基础设施建设，降低地理距离对区际分工的束缚。尽管随着科学技术的发展，人们普遍相信可以摆脱“距离的暴政”，甚至预言“距离的消亡”。然而本书的测算表明，地理相邻仍是影响区际分工的重要因素。由于中国的对外开放建立在沿海地区率先崛起的基础之上，高端制造业与生产性服务业多是集聚于沿海地区，相隔较远的地理距离束缚了沿海与内陆之间的分工交换，致使内陆地区很难通过生产分工获取沿海地区的先进经验，沿海地区很难利用内陆地区的生产需求。在未来的发展过程中，应当利用密集、高效、科学的交通基础设施网络布局，有效降低国内区域间的贸易成本。在原有“四纵四横”的铁路规划基础之上，增加客流支撑、标准适宜、发展需要的高速铁路，形成以“八纵八横”主通道为骨架、区域连接线衔接、城际铁路补充的高速铁路网；同时，充分发挥我国内河众多之便，按照内河航运与其他运输方式有效衔接的原则，统筹兼顾，突出重点，加快内河高等级航道网建设，推进内河船舶标准化和运输结构调整，推动内陆与沿海地区的双向分工互动，延伸出口中的国内价值链条。

第三，转变政府职能，推进市场整合，降低区际分工的隐性成本。尽管中国拥有庞大的国内市场需求，但受制于市场分割，区际市场的整合仍是相对缓慢。受制于这一发展困境，国内价值链条多被局限于区域内部。如同价值攀升、服务化转型与环境成本的分析所示，区际关联对于制造业出口转型升级的影响远远高于出口需求。这意味着，通过内部关联的强化，仍能为中国制造的转型升级释放更多的活力。事实上，作为经济发展的重要目标，中央政府多次出台法律法规规制市场分割行为。然而，在行政集权与财政分权的双重体制下，地方政府有着充分的激励实施“以邻为壑”的发展战略（邓明，2014）。因此，在制造业的转型升级中，中央政府应当纠正地方政府盲目追求自身利益的短期行为。具体而言，中央政府应当强化政府职能的转变，遵循“市场决定资源配置是市场经济的一般规律，健全社会主义市场经济体制必须遵循这条规律”①，减少政府对市场经济的干预，减少政府控制的公共资源，弱化政府在市场配置中的作用。同时，将市场发育程度纳入地方官员的考核体系，改变“唯 GDP”政绩观，弱化政府的地方保护激励，破除要素流动障碍，促进专业化的分工格局形成和出现。

第四，继续推进对外开放，坚守“以开放促改革”的顶层设计。如同第3章的结果所示，通过40年的对外开放，中国不仅学习到了国外的先进技术，还因激烈的外部竞争倒逼内部改革的深化，加快了不同区域之间的分工整合。不过，由于改革开放的渐进性，所有部门的对外开放步调并不一致。以外资管制为例，中国产业的对外开放呈现出明显的制造业偏好。1997～2007年，上游制造业行业的外资管制指数由0.450下降到0.273，而上游服务业行业的外资管制指数却由0.156上升至0.225（孙浦阳等，2015）。作为技术溢出的主要渠道，过多的外资管制不仅阻碍了服务行业自身的发展，还会导致制造业的发展缺少国内服务的有效供给，阻断了中国产业的升级之路。正如本书的研究结果所示，尽管区际市场整合有所加快，但受制于区际出口链条中的服务供给不足，区际分工整合呈现低端化发展迹象。这种迹象不仅阻碍了中国制造的服务化转型，亦会加剧高能耗、低附加值的发展趋势。因而，随着中国改革已经进入攻坚期和深水

① 源自十八届三中全会通过的《中共中央关于全面深化改革若干重大问题的决定》。

区，我们要继续坚持对外开放，通过“以开放促改革，以改革促发展，以发展促转型”的发展思路，敢于向积存多年的顽瘴痼疾开刀，敢于触及深层次利益关系和矛盾，把改革进行到底，为服务业的发展释放更多的活力，为制造业的发展提供更多的高效投入。

第五，强化沿海与内陆间的技术关联，推动内陆地区的排放成本下降。第7章的测算结果表明，在加入WTO之前，由于沿海地区的生产技术较为清洁，因而通过强化与下游地区的供给联系，技术关联成为推动区际环境成本降幅的首要因素。在加入WTO之后，随着沿海地区的区际分工脱离，区际分工整合的动力逐步由内陆地区承担。不过，受制于内陆地区的生产技术较为肮脏，内陆难以通过技术关联推动区际环境成本的降幅。因此，在未来的低碳转型过程中，应当充分重视沿海与内陆地区之间的技术差距，借助清洁发展机制，推动技术关联的减排作用发挥。一方面，通过清洁发展机制的建立，沿海地区在向内陆地区进行技术转移的同时，可以等量地抵消自身减排规模，从而推动沿海地区参与积极性的提高；另一方面，作为区际分工整合的主要参与者，通过接受沿海地区的技术转移，内陆地区可以供给更为清洁的产品，从而在总体上推动区际环境成本的降幅。

8.3 研究展望

本书的研究仍有很多不足之处和没有涉及的重要方面，有待于未来研究的改进和拓展。未来值得进一步研究和拓展的主要方向包括以下几个方面：第一，补充国内价值链的理论分析。本书主要基于MRIO模型下的增加值贸易框架，分析不同区域之间分工特点以及这种分工特点对于制造业出口转型升级的影响。对于国内价值链分工的理论还极其缺乏，未来的研究应尝试将价值链研究与异质性贸易理论、产业经济学、区域经济学相结合，建立数理模型分析国内价值链的延伸机制，从理论上讨论技术溢出、市场分割、要素禀赋、消费者偏好的变化对于区际分工的影响。第二，加强区域间投入产出数据的细化、完善。中国各个地区的投入产出表大致每5年更新一次，最新的投入产出数据可以扩展至2012年。但与地方投入产出表不同，区域间的投入产出表仍然停留在2007年，并且地区和行业分类十分宽泛，这就使得研究结论无法落实于相对细化的样本群体。并且，由于部门和区域数目偏少，本书可运用于计量分析的样本数目十分有限，这就导致了本书难以借助计量回归进行辅助验证。为了强化国内价值链的研究，未来有必要基于不同省市层面，构建更为翔实的投入产出数据。这些数据库的建立不仅可以降低研究结果的不确定性，还可为进一步利用国内价值链提供有效参考。第三，考虑政策不确定性的冲击。各个地区融入全球价值链的过程中，需要面对加入WTO、次贷危机等外部挑战。本书的测算结果仅是事后反映，无法刻画外生冲击对于区际分工整合的影响。因此，未来的国内价值链研究，有必要引入一般均衡分析，模拟外生冲击对于国内价值链整合的影响，进一步明晰国内价值链在应对外部挑战时的特点与不足。

参考文献

[1] 陈全润，许健，夏炎，季康先．国内国际双循环的测度方法及我国双循环格局演变趋势分析［J］．中国管理科学，2022，30（1）：12－19.

[2] 程大中，程卓．中国出口贸易中的服务含量分析［J］．统计研究，2015（3）：46－53.

[3] 戴翔．服务价值链分工是否影响了服务出口复杂度：理论及经验［J］．当代经济科学，2017，39（4）：87－97，127.

[4] 戴翔．中国制造业出口内涵服务价值演进及因素决定［J］．经济研究，2016（9）：44－57.

[5] 邓明．中国地区间市场分割的策略互动研究［J］．中国工业经济，2014（2）：18－30.

[6] 范剑勇，林云．产品同质性、投资的地方保护与国内产品市场一体化测度［J］．经济研究，2011（11）：48－59.

[7] 高传胜，汪德华，李善同．经济服务化的世界趋势与中国悖论：基于 WDI 数据的现代实证研究［J］．财贸经济，2008（3）：110－116.

[8] 高运胜，甄程成，郑乐凯．中国制成品出口欧盟增加值分解研究——基于垂直专业化分工的视角［J］．数量经济技术经济研究，2015（9）：73－88.

[9] 顾乃华，夏杰长．对外贸易与制造业投入服务化的经济效应——基于2007 年投入产出表的实证研究［J］．社会科学研究，2010（5）：17－21.

[10] 桂琦寒，陈敏，陆铭，等．中国国内商品市场趋于分割还是整合：基于相对价格法的分析［J］．世界经济，2006（2）：20－30.

[11] 鞠建东，余心玎．全球价值链研究及国际贸易格局分析［J］．经济学报，2014（2）：126－149.

[12] 刘斌，王乃嘉．制造业投入服务化与企业出口的二元边际——基于中国微观企业数据的经验研究［J］．中国工业经济，2016（9）：59－74.

[13] 刘斌，魏倩，吕越，祝坤福．制造业服务化与价值链升级［J］．经济研究，2016，51（3）：151－162.

[14] 刘德学，苏桂富，卜国勤．中国加工贸易升级对策研究——基于全球生产网络视角［J］．国际经贸探索，2006（4）：4－8.

[15] 刘华军，闫庆悦．贸易开放、FDI 与中国 CO_2 排放［J］．数量经济技术经济研究，2011（3）：21－35.

[16] 刘啟仁，黄建忠．异质出口倾向、学习效应与“低加成率陷阱”［J］．经济研究，2015（12）：143－157.

[17] 刘瑞翔，颜银根，范金．全球空间关联视角下的中国经济增长［J］．经济研究，2017，52（5）：89－102.

[18] 刘志彪．从全球价值链转向全球创新链：新常态下中国产业发展新动力［J］．学术月刊，2015，47（2）：5－14.

[19] 刘志彪．为什么我国发达地区的服务业比重反而较低？——兼论我国现代服务业发展的新思路［J］．南京大学学报（哲学·人文科学·社会科学版），2011，v. 48；No. 201（3）：13－19，158.

[20] 刘志彪，张杰．全球代工体系下发展中国家俘获型网络的形成、突破与对策——基于 GVC 与 NVC 的比较视角［J］．中国工业经济，2007（5）：39－47.

[21] 刘志彪，张少军．中国地区差距及其纠偏：全球价值链和国内价值链的视角［J］．学术月刊，2008（5）：49－55.

[22] 刘志彪，张少军．总部经济、产业升级和区域协调——基于全球价值链的分析［J］．南京大学学报（哲学·人文科学·社会科学版），

2009，46（6）：54－62，140.

［23］刘遵义，陈锡康，杨翠红，Leonard K. Cheng，K. C. Fung，Yun－Wing Sung，祝坤福，裴建锁，唐志鹏. 非竞争型投入占用产出模型及其应用——中美贸易顺差透视［J］. 中国社会科学，2007（5）：91－103，206－207.

［24］黎峰. 增加值视角下的中国国家价值链分工——基于改进的区域投入产出模型［J］. 中国工业经济，2016（3）：52－67.

［25］李春顶. 中国出口企业是否存在“生产率悖论”基于中国制造业企业数据的检验［J］. 世界经济，2010（7）：64－81.

［26］李跟强，潘文卿. 国内价值链如何嵌入全球价值链：增加值的视角［J］. 管理世界，2016（7）：10－22.

［27］李锴，齐绍洲. 贸易开放、经济增长与中国二氧化碳排放［J］. 经济研究，2011（11）：60－72.

［28］李坤望，蒋为，宋立刚. 中国出口产品品质变动之谜：基于市场进入的微观解释［J］. 中国社会科学，2014（3）：80－103.

［29］李小平，卢现祥. 国际贸易、污染产业转移和中国工业 CO_2 排放［J］. 经济研究，2010（1）：15－26.

［30］倪红福，夏杰长. 中国区域在全球价值链中的作用及其变化［J］. 财贸经济，2016，37（10）：87－101.

［31］潘文卿. 中国区域经济发展：基于空间溢出效应的分析［J］. 世界经济，2015（7）：120－142.

［32］潘文卿，李跟强. 中国区域间贸易成本：测度与分解［J］. 数量经济技术经济研究，2017（2）：55－71.

［33］潘文卿，李子奈. 中国沿海与内陆间经济影响的反馈与溢出效应［J］. 经济研究，2007（5）：68－77.

［34］彭水军，李虹静. 中国生产者服务业、制造业与出口贸易关系的实证研究［J］. 国际贸易问题，2014（10）：67－76.

［35］彭水军，袁凯华，韦韬. 贸易增加值视角下中国制造业服务化转型的事实与解释［J］. 数量经济技术经济研究，2017（9）：3－20.

[36] 彭水军，张文城，孙传旺．中国生产侧和消费侧碳排放量测算及影响因素研究［J］．经济研究，2015（1）：168－182.

[37] 钱学锋，梁琦．测度中国与G－7的双边贸易成本——一个改进引力模型方法的应用［J］．数量经济技术经济研究，2008（2）：53－62.

[38] 沈利生．“三驾马车”的拉动作用评估［J］．数量经济技术经济研究，2009，26（4）：139－151，161.

[39] 盛斌，毛其淋．贸易开放、国内市场一体化与中国省际经济增长：1985～2008年［J］．世界经济，2011（11）：44－66.

[40] 苏杭，郑磊，牟逸飞．要素禀赋与中国制造业产业升级——基于WIOD和中国工业企业数据库的分析［J］．管理世界，2017（4）：70－79.

[41] 苏庆义．中国省级出口的增加值分解及其应用［J］．经济研究，2016（1）：84－98.

[42] 孙浦阳，蒋为，陈惟．外资自由化、技术距离与中国企业出口——基于上下游产业关联视角［J］．管理世界，2015（11）：53－69.

[43] 汤碧．基于产品内分工视角的我国贸易转型升级路径研究［J］．国际贸易问题，2012（9）：16－27.

[44] 王岚．融入全球价值链对中国制造业国际分工地位的影响［J］．统计研究，2014（5）：17－23.

[45] 王恕立，胡宗彪．服务业双向FDI的生产率效应研究——基于人力资本的面板门槛模型估计［J］．财经研究，2013，39（11）：90－101.

[46] 王直，魏尚进，祝坤福．总贸易核算法：官方贸易统计与全球价值链的度量［J］．中国社会科学，2015（9）：108－127.

[47] 吴福象，蔡悦．中国产业布局调整的福利经济学分析［J］．中国社会科学，2014（2）：96－115.

[48] 邢斐，王书颖，何欢浪．从出口扩张到对外贸易“换挡”：基于贸易结构转型的贸易与研发政策选择［J］．经济研究，2016（4）：89－101.

[49] 徐宁，皮建才，刘志彪．全球价值链还是国内价值链——中国代

工企业的链条选择机制研究［J］. 经济理论与经济管理, 2014（1）: 62－74.

［50］徐现祥, 李郇. 中国省际贸易模式: 基于铁路货运的研究［J］. 世界经济, 2012, 35（9）: 41－60.

［51］许统生, 陈瑾, 薛智韵. 中国制造业贸易成本的测度［J］. 中国工业经济, 2011（7）: 15－25.

［52］许统生, 洪勇, 涂远芬, 等. 加入世贸组织后中国省际贸易成本测度、效应及决定因素［J］. 经济评论, 2013（3）: 126－135.

［53］许统生, 李志萌, 涂远芬, 等. 中国农产品贸易成本测度［J］. 中国农村经济, 2012（3）: 14－24.

［54］许统生, 涂远芬. 中国贸易成本的数量、效应及其决定因素［J］. 当代财经, 2010（3）: 95－101.

［55］闫云凤, 赵忠秀, 王苒. 基于 MRIO 模型的中国对外贸易隐含碳及排放责任研究［J］. 世界经济研究, 2013（6）: 54－58.

［56］袁凯华, 彭水军. 中国加工贸易的价值攀升: 嵌入 NVC 会优于 GVC 吗?［J］. 统计研究, 2017（8）: 32－43.

［57］袁凯华, 彭水军. 中国服务业出口实现价值攀升了吗?［J］. 世界经济与政治论坛, 2017（6）: 1－21.

［58］张杰, 陈志远, 刘元春. 中国出口国内附加值的测算与变化机制［J］. 经济研究, 2013（10）: 124－137.

［59］张杰, 张培丽, 黄泰岩. 市场分割推动了中国企业出口吗?［J］. 经济研究, 2010（8）: 29－41.

［60］张少军, 李善同. 省际贸易对中国经济增长的贡献研究［J］. 数量经济技术经济研究, 2017, 34（2）: 38－54.

［61］张少军, 刘志彪. 国内价值链是否对接了全球价值链——基于联立方程模型的经验分析［J］. 国际贸易问题, 2013（2）: 14－27.

［62］张少军. 贸易的本地偏好之谜: 中国悖论与实证分析［J］. 管理世界, 2013（11）: 39－49.

［63］张文城, 彭水军. 南北国家的消费侧与生产侧资源环境负荷比较

分析［J］. 世界经济，2014（8）：126－150.

［64］张文城，盛斌．中国出口的环境成本：基于增加值出口污染强度的分析［J］. 数量经济技术经济研究，2017（8）：105－119.

［65］张亚军，干春晖，郑若谷．生产性服务业与制造业的内生与关联效应——基于投入产出结构分解技术的实证研究［J］. 产业经济研究，2014（6）：81－90.

［66］张禹，严兵．中国产业国际竞争力评估——基于比较优势与全球价值链的测算［J］. 国际贸易问题，2016（10）：38－49.

［67］张月友．中国的"产业互促悖论"——基于国内关联与总关联分离视角［J］. 中国工业经济，2014（10）：46－58.

［68］张志明，代鹏，崔日明．中国增加值出口贸易的就业效应及其影响因素研究［J］. 数量经济技术经济研究，2016（5）：103－121.

［69］"中国2007年投入产出表分析应用"课题组，许宪春，彭志龙，刘起运，佟仁城，张润君，潘文卿．正确认识出口贸易对中国经济增长的贡献［J］. 统计研究，2010，27（11）：3－8.

［70］赵永亮，徐勇，苏桂富．区际壁垒与贸易的边界效应［J］. 世界经济，2008（2）：17－29.

［71］赵玉奇，柯善咨．市场分割、出口企业的生产率准入门槛与"中国制造"［J］. 世界经济，2016（9）：74－98.

［72］Adao R，Costinot A，Donaldson D. Nonparametric counterfactual predictions in neoclassical models of international trade［J］. The American Economic Review，2017，107（3）：633－689.

［73］Anderson J E，van Wincoop E. Gravity with gravitas：A solution to the border puzzle［J］. The American Economic Review，2003，93（1）：170.

［74］Arto I，Rueda－Cantuche J M，Andreoni V，et al. The game of trading jobs for emissions［J］. Energy policy，2014，66：517－525.

［75］Baldwin R，Lopez－Gonzalez J. Supply－chain Trade：A Portrait of Global Patterns and Several Testable Hypotheses［J］. World Economy，2015，38（11）：1682－1721.

[76] Cole, M. A., Development, trade, and the environment: how robust is the Environmental Kuznets Curve? [J]. Environment and Development Economics, 2003 (8): 557 -580.

[77] Dani Rodrik. What's So Special about China's Exports? [J]. China & World Economy, 2006, 14 (5): 1 -19.

[78] Dietzenbacher E, Los B. Structural decomposition techniques: sense and sensitivity [J]. Economic Systems Research, 1998, 10 (4): 307 -324.

[79] Duan Y, Jiang X. Temporal Change of China's Pollution Terms of Trade and its Determinants [J]. Ecological Economics, 2017, 132: 31 -44.

[80] Erik Dietzenbacher, Bart Los, Robert Stehrer, et al. The construction of world input - output tables in the wiod project [J]. Economic Systems Research, 2013, 25 (1): 71 -98.

[81] Falk M, Peng F. The increasing service intensity of European manufacturing [J]. The Service Industries Journal, 2013, 33 (15 -16): 1686 -1706.

[82] Francois J F. Trade in producer services and returns due to specialization under monopolistic competition [J]. Canadian Journal of Economics, 1990: 109 -124.

[83] Frankel, J., Rose, A., Is trade good or bad for the environment? Sorting out the causality [J]. Review of Economics and Statistics, 2005, 87 (1): 85 -91.

[84] Fujita M, Krugman P R, Venables A J, et al. The spatial economy: cities, regions and international trade [M]. Cambridge, MA: MIT press, 1999.

[85] Gereffi G, Humphrey J, Kaplinsky R. Introduction: Globalisation, value chains and development [J]. IDS bulletin, 2001, 32 (3): 1 -8.

[86] Gereffi G, Memedovic O. The global apparel value chain: What prospects for upgrading by developing countries [M]. Vienna: United Nations Industrial Development Organization, 2003.

[87] Grossman, G. M., Krueger, A. B., Environmental impacts of a North American Free Trade Agreement. In Garber, P. M. (ed.), The US -

Mexico Free Trade Agreement, MIT Press, Cambridge, MA, 1993.

[88] Guan D, Liu Z, Geng Y, et al. The gigatonne gap in China's carbon dioxide inventories [J]. Nature Climate Change, 2012, 2 (9): 672 –675.

[89] Hoekstra A Y, Wiedmann T O. Humanity's unsustainable environmental footprint [J]. Science, 2014, 344 (6188): 1114 – 1117.

[90] Hummels D, Ishii J, Yi K M. The nature and growth of vertical specialization in world trade [J]. Journal of International Economics, 2001, 54 (1): 75 –96.

[91] Humphrey, J. and Schmitz, H. Chain Governance and Upgrading: Taking Stock [A]. Schmitz, H. Local Enterprises in the Global Economy Issues of Governance and Upgrading [C]. Cheltenhan: Elgar, 2004.

[92] Jacobsen H K. Energy demand, structural change and trade: a decomposition analysis of the Danish manufacturing industry [J]. Economic Systems Research, 2000, 12 (3): 319 –343.

[93] Johnson R C, Noguera G. Accounting for intermediates: Production sharing and trade in value added [J]. Journal of International Economics, 2012, 86 (2): 224 –236.

[94] Kee H L, Tang H. Domestic value added in exports: Theory and firm evidence from China [J]. American Economic Review, 2016, 106 (6): 1402 –1436.

[95] Koopman R, Wang Z, Wei S J. Tracing value – added and double counting in gross exports [J]. The American Economic Review, 2014, 104 (2): 459 –494.

[96] Koopman R, Wang Z, Wei S J. Estimating domestic content in exports when processing trade is pervasive [J]. Journal of development economics, 2012, 99 (1): 178 –189.

[97] Krugman P. Scale Economies, product differentiation, and the pattern of trade [J]. American Economic Review, 1980, 70 (5): 950 –959.

[98] Lau L J, Chen X, Cheng L K, et al. Non – Competitive input – out-

put model and its application: An examination of the China - US trade surplus [J]. Social Sciences in China, 2007, 5: 91 - 103, 206.

[99] List J A, Co C Y. The effects of environmental regulations on foreign direct investment [J]. Journal of Environmental Economics and Management, 2000, 40 (1): 1 - 20.

[100] Liu H, Liu W, Fan X, et al. Carbon emissions embodied in demand - supply chains in China [J]. Energy Economics, 2015, 50: 294 - 305.

[101] Liu Z, Guan D, Wei W, et al. Reduced carbon emission estimates from fossil fuel combustion and cement production in China [J]. Nature, 2015, 524 (7565): 335 - 338.

[102] Los B, Timmer M P, Vries G J. How global are global value chains? A new approach to measure international fragmentation [J]. Journal of Regional Science, 2015, 55 (1): 66 - 92.

[103] Maizels A, Palaskas T B, Crowe T. The Prebisch - Singer Hypothesis Revisited [M]. London: Palgrave Macmillan, 1998: 63 - 85.

[104] Markusen J R, Venables A J. Foreign direct investment as a catalyst for industrial development [J]. European Economic Review, 1999, 43 (2): 335 - 356.

[105] Mccallum J. National borders matter: Canada - U. S. regional trade patterns [J]. American Economic Review, 1995, 85 (3): 615 - 623.

[106] Melitz M J. The impact of trade on intra - industry reallocations and aggregate industry productivity [J]. Econometrica, 2003, 71 (6): 1695 - 1725.

[107] Meng B, Xue J, Feng K, et al. China's inter - regional spillover of carbon emissions and domestic supply chains [J]. Energy Policy, 2013, 61: 1305 - 1321.

[108] Minford P, Nowell E, Riley J. The elixir of growth: trade, non - traded goods and development [R]. CEPR Discussion Papers, 1995.

[109] Munksgaard, J. and Pedersen, K. A., CO_2 accounts for open economies: producer or consumer responsibility? [J] Energy Policy, 2001, 29 (4):

327 – 334.

[110] Novy D. Gravity redux: measuring international trade costs with panel data [J]. Economic inquiry, 2013, 51 (1): 101 – 121.

[111] Novy D. Is the Iceberg Melting Less Quickly? International Trade Costs after World War II [R]. Warwick Economics Research Paper, 2006.

[112] Obstfeld M, Rogoff K. The six major puzzles in international macroeconomics: Is there a common cause? [J]. Nber Macroeconomics Annual, 2000, 15 (1): 339 – 390.

[113] Parsley D C, Wei S J. Convergence to the law of one price without trade barriers or currency fluctuations [J]. Quarterly Journal of Economics, 1996, 111 (4): 1211 – 1236.

[114] Parsley D C, Wei S J. Explaining the border effect: the role of exchange rate variability, shipping costs, and geography [J]. Journal of International Economics, 2001, 55 (1): 87 – 105.

[115] Parsley D C, Wei S J. Limiting currency volatility to stimulate goods market integration: a price based approach [R]. National Bureau of Economic Research, 2001.

[116] Peters G P, Hertwich E G. Pollution embodied in trade: The norwegian case [J]. Global Environmental Change, 2006, 16 (4): 379 – 387.

[117] Peters G P, Hertwich E G. Post – Kyoto greenhouse gas inventories: production versus consumption [J]. Climatic Change, 2008, 86 (1): 51 – 66.

[118] Peters G P, Andrew R, Lennox J. Constructing an environmentally – extended multi – regional input – output table using the GTAP database [J]. Economic Systems Research, 2011, 23 (2): 131 – 152.

[119] Poncet S. Measuring Chinese domestic and international integration [J]. China Economic Review, 2003, 14 (1): 1 – 21.

[120] Prebisch R. The economic development of Latin America and its principal problems [J]. Geographical Review, 1950, 2010 (1): 171 – 173.

[121] Robert C. Feenstra. Discrepancies in international data: An applica-

tion to China – Hong Kong entrepot trade [J]. American Economic Review, 1999, 89 (2): 338 – 343.

[122] Robinson S, Wang Z, Martin W. Capturing the implications of services trade liberalization [J]. Economic Systems Research, 2002, 14 (1): 3 – 33.

[123] Schmitz H, Schmitz H. Local upgrading in global chains: Recent Findings [R]. Institute of Development Studies Sussex, 2004.

[124] Tang Z, Liu W, Gong P. The measurement of the spatial effects of Chinese regional carbon emissions caused by exports [J]. Journal of Geographical Sciences, 2015, 25 (11): 1328 – 1342.

[125] Timmer M P, Erumban A A, Los B, et al. Slicing up global value chains [J]. The Journal of Economic Perspectives, 2014, 28 (2): 99 – 118.

[126] Urata S. Sources of economic growth and structural change in china: 1956 ~ 1981 [J]. Journal of Comparative Economics, 1987, 11 (1): 96 – 115.

[127] Wang Z, Wei S J, Zhu K. Quantifying international production sharing at the bilateral and sector levels [R]. National Bureau of Economic Research, 2013.

[128] Wang Z, Wei S J, Yu X, et al. Characterizing Global Value Chains: Production Length and Upstreamness [R]. National Bureau of Economic Research, 2017.

[129] Wood A. Openness and wage inequality in developing countries: The latin American challenge to east Asian conventional wisdom [J]. World Bank Economic Review, 1997, 11 (1): 33 – 57.

[130] Xing Y, Detert N C. How the iPhone Widens the United States Trade Deficit with the People's Republic of China [R]. Adbi Working Papers, 2010.

[131] Xu Y, Dietzenbacher E. A structural decomposition analysis of the emissions embodied in trade [J]. Ecological Economics, 2014, 101: 10 – 20.

[132] Yi K M. Can multistage production explain the home bias in trade? [J]. American Economic Review, 2010, 100 (1): 364 –393.

[133] Young A. The razor's edge: Distortions and Incremental Reform in the People's Republic of China [J]. Quarterly Journal of Economics, 2000, 115 (4): 1091 –1135.

后　记

本书既包括了作者博士期间的相关成果，也涵盖了工作以来、对于价值链领域新的认知与见解。在书稿的撰写、修改、校对过程中，难免想起研究过程的点滴过往。惊风飘白日，光景西驰流，不知不觉已经博士毕业、工作三年有余。

2014 年，是我的学术生涯真正开启的一年。在这个节点，我不仅有幸进入厦大攻读博士学位，更十分幸运地拜入彭水军教授门下。“学高为师，身正为范”。恩师治学严谨、功底深厚，宽以待人、严于律己，深深影响了我的学术和生活。从研究方向的确定到论文投稿，从论文撰写到论文校对，从文献查阅到数据收集，恩师耐心负责地指引我这只学术菜鸟飞向正确航道。尽管恩师工作繁忙，仍然坚持每周例会，以其敏锐的经济学直觉与高度凝练的经济学理论，为团队成员答疑、解惑；即使论文录用之后，导师仍然反复校对，生怕产生任何纰漏、时刻遵循“文章千古事，得失寸心知”准则。由于跨专业读博，基础薄弱的我总会拖慢团队进度，导师不但没有追责，反而多次资助我前往北京培训，让我丰富了研究视野、缩小了与国内学术前沿的差距；时至今日，导师仍然利用数字媒体，多次为我传授课题申报、论文修改技巧，帮助我获得课题立项、实现论文发表。得遇良师，何其有幸。在此，愿祝恩师平安顺遂、福寿安康。此外，厦门大学的诸位老师和同门也是助我博士成长的重要动力。在教学方面，不同于其他院校，厦大经院十分重视学生经济思维的培养。通过开设“八高”课程，授课老师为我们提供了系统的数理训练，使得我们在以后的文献阅读与学习过程中，更易和学术前沿接轨。而在科研方面，通过每学年的论文汇报、考核，我们可以接收更多老师的指正与建议，从而提高了论文质量、降低了论文发表难度。在团队合作方面，同门师兄弟姐妹们给予了我莫大的技术支持和生活帮助，让我快速适应了紧张而充实的厦大生活。在此，十分感谢诸位老师和师兄弟姐妹。

2018 年在恩师的殷切叮嘱下，我离开了厦门、奔赴人生第一个工作地点——江城武汉。初来武汉，我不仅需要适应陌生环境，更要迅速转变身份，令我压力倍增。“高山仰止，景行行止”。我在这里遇到了诸位“德学并重、留馨行远”的领导、前辈和同事，十分感谢他们对我毕业之后提供的重要帮助，尤其要感谢李小平教授。作为成名已久的学者、师长，李教授对经济学院的青年教师的成长提供了诸多精力和财力支持。李教授不仅帮助青年教师修改课题基金申报书，还多次资助我们刚刚入职、经费紧缺的青年教师外出参会、进行学术交流。在其指导帮助下，以本书为基础的教育部人文社科与国家社科基金青年项目相继获批，从而为本书的出版提供有力支撑。此外，我还要特别感谢中国财政经济出版社及吕小军老师的辛勤付出。

感谢本书的读者，希望能够对你们的国内价值链研究有所帮助。另外，由于实力所限，本书不可避免地存在一定的不足，期待您提出宝贵的意见和建议。

袁凯华

2022 年 6 月 2 日

中南财经政法大学文泉楼

